2018年版

ハン検
過去問題集

5

初級

CDつき

級

ハングル能力検定協会

まえがき

　「ハングル」能力検定試験は日本で初めての韓国・朝鮮語検定試験として、1993年の第1回実施から今日まで49回実施され、延べ出願者数は39万人を超えました。これもひとえに皆さまのご支持の賜物と深く感謝しております。

　ハングル能力検定協会は、日本で「ハングル」*1)を普及し、日本語ネイティブの「ハングル」学習到達度に公平・公正な社会的評価を与え、南北のハングル表記の統一に貢献するという3つの理念で検定試験を実施して参りました。

　2017年春季第48回検定試験は全国68ヶ所、秋季第49回検定試験は76ヶ所の会場で実施され、出願者数は合計18,669名となりました。

　本書は「2018年版ハン検*2)過去問題集」として2017年第48回、第49回検定試験の問題を各級ごとにまとめたものです。それぞれに問題(聞きとりはＣＤ)と解答、日本語訳と詳しいワンポイントアドバイスをつけました。

　本年春季第50回検定試験より試験の実施要項が変わり、一部問題数と形式も変わりますが(巻末資料参照)、各級のレベルの目安と合格ラインに変更はありません。引き続きこの過去問題集で試験問題の出題傾向や出題形式を把握し、これからの本試験に備えていただければ幸いです。

　これからも日本語ネイティブのための唯一の試験である「ハン検」を、入門・初級の方から全国及び地域通訳案内士などの資格取得を目指す上級の方まで、より豊かな人生へのパスポートとして幅広くご活用ください。

　最後に、本検定試験実施のためにご協力くださった、すべての方々に心から感謝の意を表します。

2018年3月吉日

特定非営利活動法人
ハングル能力検定協会

*1)当協会は「韓国・朝鮮語」を統括する意味で「ハングル」を用いておりますが、協会名は固有名詞のため、「」は用いず、ハングル能力検定協会とします。
*2)「ハン検」は「ハングル」能力検定試験の略称です。

目　　次

◎5級(初級前半)のレベルの目安と合格ライン

■レベルの目安
　　60分授業を40回受講した程度。韓国・朝鮮語を習い始めた初歩の段階で、基礎的な韓国・朝鮮語をある程度理解し、それらを用いて表現できる。
・ハングルの母音(字)と子音(字)を正確に区別できる。
・約480語の単語や限られた文型からなる文を理解することができる。
・決まり文句としてのあいさつ・あいづちや簡単な質問ができ、またそのような質問に答えることができる。
・自分自身や家族の名前、特徴や好き嫌いなどの私的な話題、日課や予定、食べ物などの身近なことについて伝え合うことができる。

■合格ライン
●100点満点(筆記60点 聞取40点)中、60点以上合格。
※5、4級は合格点(60点)に達していても、聞きとり試験を受けていないと不合格になります。

◎記号について
　[　]：発音の表記であることを示す。
　〈　〉：漢字語の漢字表記(日本漢字に依る)であることを示す。
　(　)：当該部分が省略可能であるか、前後に(　)内のような単語などが続くことを示す。
　【　】：品詞情報など、何らかの補足説明が必要であると判断された箇所に用いる。
　「　」：**Point** 中の日本語訳であることを示す。
　　★：大韓民国と朝鮮民主主義人民共和国とでの、正書法における表記の違いを示す(南★北)。

◎「、」と「；」の使い分けについて
　　1つの単語の意味が多岐にわたる場合、関連の深い意味同士を「、」で区切り、それとは異なる別の意味で捉えた方が分かりやすいものは「；」で区切って示した。また、同音異義語の訳についても、「；」で区切っている。

◎／ならびに〔／〕について
　　／は言い替え可能であることを示す。用言語尾の意味を考える上で、動詞や形容詞など品詞ごとに日本語訳が変わる場合は、例えば、「～ ｛する／である｝ が」のように示している。これは、「～するが」、「～であるが」という意味である。

5級

**2017年春季第48回
「ハングル」能力検定試験**

筆記問題
（60分）

※本ページのマークシートは第49回検定試験までの使用見本(縮小版)です。
※2018年春季第50回検定試験から聞きとり、筆記合わせてマークシートは1枚となり、形も変わります。

「ハングル」能力検定試験

ハングル能力検定協会

※必ずご記入ください

受 験 級
1 級 … ⊏ ⊐
2 級 … ⊏ ⊐
準2級 … ⊏ ⊐
3 級 … ⊏ ⊐
4 級 … ⊏ ⊐
5 級 … ⊏ ⊐

受験地コード

⊏0⊐ ⊏0⊐ ⊏0⊐ ⊏0⊐
⊏1⊐ ⊏1⊐ ⊏1⊐ ⊏1⊐
⊏2⊐ ⊏2⊐ ⊏2⊐ ⊏2⊐
⊏3⊐ ⊏3⊐ ⊏3⊐ ⊏3⊐
⊏4⊐ ⊏4⊐ ⊏4⊐ ⊏4⊐
⊏5⊐ ⊏5⊐ ⊏5⊐ ⊏5⊐
⊏6⊐ ⊏6⊐ ⊏6⊐ ⊏6⊐
⊏7⊐ ⊏7⊐ ⊏7⊐ ⊏7⊐
⊏8⊐ ⊏8⊐ ⊏8⊐ ⊏8⊐
⊏9⊐ ⊏9⊐ ⊏9⊐ ⊏9⊐

受 験 番 号

⊏0⊐ ⊏0⊐ ⊏0⊐ ⊏0⊐
⊏1⊐ ⊏1⊐ ⊏1⊐ ⊏1⊐
⊏2⊐ ⊏2⊐ ⊏2⊐ ⊏2⊐
⊏3⊐ ⊏3⊐ ⊏3⊐ ⊏3⊐
⊏4⊐ ⊏4⊐ ⊏4⊐ ⊏4⊐
⊏5⊐ ⊏5⊐ ⊏5⊐ ⊏5⊐
⊏6⊐ ⊏6⊐ ⊏6⊐ ⊏6⊐
⊏7⊐ ⊏7⊐ ⊏7⊐ ⊏7⊐
⊏8⊐ ⊏8⊐ ⊏8⊐ ⊏8⊐
⊏9⊐ ⊏9⊐ ⊏9⊐ ⊏9⊐

生まれ月日

月　　日
⊏0⊐ ⊏0⊐ ⊏0⊐
⊏1⊐ ⊏1⊐ ⊏1⊐
⊏2⊐ ⊏2⊐
⊏3⊐ ⊏3⊐
⊏4⊐
⊏5⊐
⊏6⊐
⊏7⊐
⊏8⊐
⊏9⊐

氏名
受験地

見 本

(記入心得)
1. 必ず先の丸いHBの鉛筆を使用してください。
2. 訂正するときは、消しゴムで完全に消してください。
3. 枠からはみ出さないように、ていねいに塗りつぶしてください。

(記入例)解答が「1」の場合

 ⊏2⊐ 　 ⊏3⊐ 　 ⊏4⊐

解 答 欄

1	⊏1⊐ ⊏2⊐ ⊏3⊐ ⊏4⊐
2	⊏1⊐ ⊏2⊐ ⊏3⊐ ⊏4⊐
3	⊏1⊐ ⊏2⊐ ⊏3⊐ ⊏4⊐
4	⊏1⊐ ⊏2⊐ ⊏3⊐ ⊏4⊐
5	⊏1⊐ ⊏2⊐ ⊏3⊐ ⊏4⊐
6	⊏1⊐ ⊏2⊐ ⊏3⊐ ⊏4⊐
7	⊏1⊐ ⊏2⊐ ⊏3⊐ ⊏4⊐
8	⊏1⊐ ⊏2⊐ ⊏3⊐ ⊏4⊐
9	⊏1⊐ ⊏2⊐ ⊏3⊐ ⊏4⊐
10	⊏1⊐ ⊏2⊐ ⊏3⊐ ⊏4⊐
11	⊏1⊐ ⊏2⊐ ⊏3⊐ ⊏4⊐
12	⊏1⊐ ⊏2⊐ ⊏3⊐ ⊏4⊐
13	⊏1⊐ ⊏2⊐ ⊏3⊐ ⊏4⊐
14	⊏1⊐ ⊏2⊐ ⊏3⊐ ⊏4⊐
15	⊏1⊐ ⊏2⊐ ⊏3⊐ ⊏4⊐
16	⊏1⊐ ⊏2⊐ ⊏3⊐ ⊏4⊐
17	⊏1⊐ ⊏2⊐ ⊏3⊐ ⊏4⊐
18	⊏1⊐ ⊏2⊐ ⊏3⊐ ⊏4⊐
19	⊏1⊐ ⊏2⊐ ⊏3⊐ ⊏4⊐
20	⊏1⊐ ⊏2⊐ ⊏3⊐ ⊏4⊐

21	⊏1⊐ ⊏2⊐ ⊏3⊐ ⊏4⊐
22	⊏1⊐ ⊏2⊐ ⊏3⊐ ⊏4⊐
23	⊏1⊐ ⊏2⊐ ⊏3⊐ ⊏4⊐
24	⊏1⊐ ⊏2⊐ ⊏3⊐ ⊏4⊐
25	⊏1⊐ ⊏2⊐ ⊏3⊐ ⊏4⊐
26	⊏1⊐ ⊏2⊐ ⊏3⊐ ⊏4⊐
27	⊏1⊐ ⊏2⊐ ⊏3⊐ ⊏4⊐
28	⊏1⊐ ⊏2⊐ ⊏3⊐ ⊏4⊐
29	⊏1⊐ ⊏2⊐ ⊏3⊐ ⊏4⊐
30	⊏1⊐ ⊏2⊐ ⊏3⊐ ⊏4⊐
31	⊏1⊐ ⊏2⊐ ⊏3⊐ ⊏4⊐
32	⊏1⊐ ⊏2⊐ ⊏3⊐ ⊏4⊐
33	⊏1⊐ ⊏2⊐ ⊏3⊐ ⊏4⊐
34	⊏1⊐ ⊏2⊐ ⊏3⊐ ⊏4⊐
35	⊏1⊐ ⊏2⊐ ⊏3⊐ ⊏4⊐
36	⊏1⊐ ⊏2⊐ ⊏3⊐ ⊏4⊐
37	⊏1⊐ ⊏2⊐ ⊏3⊐ ⊏4⊐
38	⊏1⊐ ⊏2⊐ ⊏3⊐ ⊏4⊐
39	⊏1⊐ ⊏2⊐ ⊏3⊐ ⊏4⊐
40	⊏1⊐ ⊏2⊐ ⊏3⊐ ⊏4⊐

41	⊏1⊐ ⊏2⊐ ⊏3⊐ ⊏4⊐
42	⊏1⊐ ⊏2⊐ ⊏3⊐ ⊏4⊐
43	⊏1⊐ ⊏2⊐ ⊏3⊐ ⊏4⊐
44	⊏1⊐ ⊏2⊐ ⊏3⊐ ⊏4⊐
45	⊏1⊐ ⊏2⊐ ⊏3⊐ ⊏4⊐
46	⊏1⊐ ⊏2⊐ ⊏3⊐ ⊏4⊐
47	⊏1⊐ ⊏2⊐ ⊏3⊐ ⊏4⊐
48	⊏1⊐ ⊏2⊐ ⊏3⊐ ⊏4⊐
49	⊏1⊐ ⊏2⊐ ⊏3⊐ ⊏4⊐
50	⊏1⊐ ⊏2⊐ ⊏3⊐ ⊏4⊐
51	⊏1⊐ ⊏2⊐ ⊏3⊐ ⊏4⊐
52	⊏1⊐ ⊏2⊐ ⊏3⊐ ⊏4⊐
53	⊏1⊐ ⊏2⊐ ⊏3⊐ ⊏4⊐
54	⊏1⊐ ⊏2⊐ ⊏3⊐ ⊏4⊐
55	⊏1⊐ ⊏2⊐ ⊏3⊐ ⊏4⊐
56	⊏1⊐ ⊏2⊐ ⊏3⊐ ⊏4⊐
57	⊏1⊐ ⊏2⊐ ⊏3⊐ ⊏4⊐
58	⊏1⊐ ⊏2⊐ ⊏3⊐ ⊏4⊐
59	⊏1⊐ ⊏2⊐ ⊏3⊐ ⊏4⊐
60	⊏1⊐ ⊏2⊐ ⊏3⊐ ⊏4⊐

E2431B 110kg

問　題

1 発音どおり表記したものを①〜④の中から１つ選びなさい。
　　（マークシートの１番〜３番を使いなさい）〈１点×３問〉

1）가을입니다　　　　　　　　　　　　　　　　　1

　　① ［가을림미다］　　　② ［가을림니다］
　　③ ［가으린니다］　　　④ ［가으림니다］

2）가깝지요　　　　　　　　　　　　　　　　　　2

　　① ［가깝찌요］　　　② ［가깝치요］
　　③ ［가감찌요］　　　④ ［가깓치요］

3）넣어요　　　　　　　　　　　　　　　　　　　3

　　① ［너허요］　② ［넝어요］　③ ［너어요］　④ ［너서요］

第48回 問題

2 次の日本語の意味を正しく表記したものを①~④の中から1つ選びなさい。

（マークシートの4番~7番を使いなさい）　〈1点×4問〉

1）花　　　　　　　　　　　　　　　　　　4

　　① 곶　　　② 궂　　　③ 꽃　　　④ 꽂

2）鉛筆　　　　　　　　　　　　　　　　　5

　　① 염빌　　② 연필　　③ 연빌　　④ 염필

3）もらいます　　　　　　　　　　　　　　6

　　① 밧습니다　② 밪습니다　③ 밥습니다　④ 받습니다

4）長い　　　　　　　　　　　　　　　　　7

　　① 길다　　② 기르다　　③ 킬다　　④ 낄다

8

問　題

3 次の日本語に当たるものを①〜④の中から１つ選びなさい。
（マークシートの８番〜12番を使いなさい）〈１点×５問〉

1）体　　　　　　　　　　　　　　　　　　　　　 8

　　① 발　　　② 몸　　　③ 허리　　　④ 가게

2）切手　　　　　　　　　　　　　　　　　　　　 9

　　① 의자　　② 음악　　③ 은행　　　④ 우표

3）暑いです　　　　　　　　　　　　　　　　　　 10

　　① 쉽습니다　② 덥습니다　③ 낮습니다　④ 많습니다

4）先に　　　　　　　　　　　　　　　　　　　　 11

　　① 먼저　　② 어느　　③ 다시　　　④ 또

5）暮らします　　　　　　　　　　　　　　　　　 12

　　① 모릅니다　② 걸립니다　③ 삽니다　④ 신습니다

9

第48回

問　題

4 （　　　　）の中に入れるのに最も適切なものを①〜④の中から１つ選びなさい。

（マークシートの13番〜17番を使いなさい）〈２点×５問〉

1）제 방은 오 （ 13 ）에 있습니다.

　　① 년　　　　② 명　　　　③ 층　　　　④ 권

2）오늘은 （ 14 ） 춥습니다.

　　① 날씨가　　② 닭이　　　③ 나무가　　④ 구름이

3）어제 책을 （ 15 ）.

　　① 나갔습니다　　　　　② 샀습니다
　　③ 갔습니다　　　　　　④ 벗었습니다

4）그 드라마는 （ 16 ） 재미있습니다.

　　① 어떻게　　② 빨리　　　③ 언제　　　④ 아주

問　題

5) 일요일에 어디에 (　17　)?

　　① 봅니까　　② 먹습니까　　③ 다닙니까　　④ 만듭니까

第48回 問題

5 (　　　)の中に入れるのに最も適切なものを①～④の中から1つ選びなさい。

(マークシートの18番～21番を使いなさい) 〈2点×4問〉

1) A : 이 사람이 여동생이에요?

B : 아니요. 이 사람은 (　18　).

① 고양이예요　　　　　② 언니예요

③ 교실이예요　　　　　④ 대학교예요

2) A : 학교까지 어떻게 가요?

B : 버스를 (　19　) 가요.

① 타고　　　② 찾고　　　③ 보내고　　　④ 앉고

3) A : 어디 아프세요?

B : 아침부터 (　20　) 많이 아파요.

① 방이　　　② 병원이　　　③ 배가　　　④ 학교가

4）A : 손님, 이 시계가 싸고 좋습니다.

　　B : (　　21　　) 그 시계 주세요.

　　① 하지만　　　② 그리고　　　③ 그런데　　　④ 그럼

6 文の意味を変えずに、下線部の言葉と置き換えが可能なものを①～④の中から1つ選びなさい。

（マークシートの22番～23番を使いなさい）〈2点×2問〉

1) 남동생 생일에 휴대폰을 <u>선물했어요</u>.　　　　　　22

　　① 축하했어요　② 주었어요　　③ 전화했어요　④ 배웠어요

2) 저 식당은 <u>몇 시부터 해요</u>?　　　　　　　　　　23

　　① 몇 시에 문을 열어요　　　② 몇 시에 문을 닫아요
　　③ 몇 시까지 식사를 해요　　④ 몇 시까지 돈을 찾아요

|7| （　　　　）の中に入れるのに適切なものを①〜④の中から１つ選びなさい。

（マークシートの24番〜26番を使いなさい）〈１点×３問〉

1）언제（　24　）？

① 나갔아요　② 나갔어요　③ 나가었어요　④ 나겄어요

2）그 사람을（　25　）？

① 압니까　　② 알습니까　③ 아습니까　　④ 알요

3）정말（　26　）.

① 죄송하어요　　　　　② 죄송하요
③ 죄송해요　　　　　　④ 죄송하아요

第48回

問　題

8 （　　　）の中に入れるのに適切なものを①〜④の中から1つ選びなさい。

（マークシートの27番〜29番を使いなさい）〈1点×3問〉

1）볼펜（　27　）쓰세요.

　　① 보다　　　　② 에게　　　　③ 이　　　　④ 으로

2）친구（　28　）같이 커피를 마십니다.

　　① 한테　　　　② 와　　　　③ 를　　　　④ 에서

3）A : 무엇을 시킬까요?
　　B : 저는 불고기（　29　）.

　　① 로 하겠습니다　　　　② 이 아닙니다
　　③ 와 같아요　　　　④ 라고 해요

《《《《 問 題

9 次の場面や状況において最も適切なあいさつやあいづちなどの言葉を①〜④の中から1つ選びなさい。

(マークシートの30番〜31番を使いなさい) 〈2点×2問〉

1) 店の人が客を迎えるとき。　　　　　　　　　　30

① 고맙습니다.　　　　　② 여기요.

③ 또 만나요.　　　　　　④ 어서 오세요.

2) 相手の意見や希望を尋ねるとき。　　　　　　31

① 어떻습니까?　　　　② 알겠습니까?

③ 안녕하십니까?　　　④ 맞아요?

10 対話文を完成させるのに最も適切なものを①〜④の中から 1つ選びなさい。

(マークシートの32番〜36番を使いなさい) 〈2点×5問〉

1) A：(32)?
B：네, 오늘은 일이 많아요. 저녁까지 시간이 없어요.

① 어디에 가고 싶어요　② 많이 춥습니까
③ 밥 안 먹었어요　④ 언제 친구가 왔어요

2) A：(33)?
B：싸고 맛있어요.

① 역에서 멀어요　② 여기에 차를 세울까요
③ 어디에서 먹어요　④ 이 집 냉면은 어때요

3) A：어제 저녁에 영화를 봤어요.
B：(34)?
A：오빠하고요.

① 어디서 봤어요　② 무엇을 먹었어요
③ 재미있었어요　④ 누구하고 봤어요

4) A : 다음 주에 여행을 가요.

B : (35) ?

A : 아니요. 이번에는 중국에 가요.

① 또 한국에 가요   ② 어디에 가요

③ 중국으로 여행을 가요   ④ 같이 가요

5) A : 왜 집에 안 가요 ?

B : (36).

A : 우산을 안 가지고 왔어요 ?

① 빨리 오고 싶어요   ② 지금 비가 많이 와요

③ 시간이 없어요   ④ 아주 바빠요

第48回 問題

11 対話文を読んで、問いに答えなさい。
（マークシートの37番～39番を使いなさい） 〈2点×3問〉

정우 : 미나 씨! 어서 오세요. 우리 가게는 처음 오죠?

미나 : 네. 가게는 (37)?

정우 : 아뇨, 손님이 없어요.

미나 : 그래요? 그런데 정우 씨, 저 다음 달에 결혼해요.
　　　 결혼식에 꼭 오세요.

정우 : 정말요? 축하해요, 미나 씨. 네, 결혼식에 꼭 가겠습니
　　　 다.

1) (37)の中に入れるのに適切なものを①～④の中から1
つ選びなさい。 37

① 잘돼요 　 ② 안돼요 　 ③ 잘해요 　 ④ 어때요

2) 2人は今どこにいるのか、適切なものを①～④の中から1つ
選びなさい。 38

① ミナの家 　　　 ② 結婚式場
③ ジョンウの店 　 ④ 映画館

3）本文の内容と一致するものを①〜④の中から1つ選びなさい。

39

①　ジョンウの店は繁盛している。

②　ジョンウはミナの結婚式に出席するつもりだ。

③　ミナはジョンウの店に何回も行ったことがある。

④　ミナは先月結婚式を挙げた。

第48回

解 答　　（＊白ヌキ数字が正答番号）

1 発音どおり表記したものを①～④の中から1つ選びなさい。

1) 가을입니다　→ 秋です　　　　　　　　　　　　　　1

　　① ［가을림미다］　　　　② ［가을림니다］
　　③ ［가으린니다］　　　　❹ ［가으림니다］

Point 連音化と鼻音化の問題。パッチムの次に母音が来る時、パッチムは次の母音の「ㅇ」の位置に移って発音される。これを連音化と言う。また、［ㅂᵖ］［ㄷᵗ］［ㄱᵏ］で発音されるパッチムの後ろに鼻音である「ㄴ」「ㅁ」が続くと、［ㅂᵖ］は［ㅁᵐ］、［ㄷᵗ］は［ㄴⁿ］、［ㄱᵏ］は［ㅇᵑ］と、それぞれ鼻音で発音される。これを鼻音化と言う。正答率は88.6％。

2) 가깝지요　→ 近いですよ　　　　　　　　　　　　　2

　　❶ ［가깝찌요］　　　　② ［가깝치요］
　　③ ［가감찌요］　　　　④ ［가깐치요］

Point 濃音化を問う問題。［ㅂᵖ］［ㄷᵗ］［ㄱᵏ］で発音されるパッチムの後ろに「ㄱ」「ㄷ」「ㅂ」「ㅅ」「ㅈ」が続くと、それぞれ濃音の「ㄲ」「ㄸ」「ㅃ」「ㅆ」「ㅉ」で発音される。正答率は53.9％。

3) 넣어요　→ 入れます　　　　　　　　　　　　　　　3

　　① ［너허요］　　② ［넝어요］　　❸ ［너어요］　　④ ［너서요］

Point ㅎの脱落を問う問題。誤答①の選択率が22％と高かったが、ㅎパッチムの次に母音が来ても、連音化はしない。この時、ㅎは脱落する。

解　答

2 次の日本語の意味を正しく表記したものを①～④の中から1つ選びなさい。

1）花　　　　　　　　　　　　　　　　　　4

　　① 곳　　　　② 곷　　　　❸ 꽃　　　　④ 꼿

2）鉛筆　　　　　　　　　　　　　　　　　5

　　① 염빌　　　❷ 연필　　　③ 연빌　　　④ 염필

3）もらいます　　　　　　　　　　　　　　6

　　① 밧습니다　　② 밫습니다　　③ 밥습니다　　❹ 받습니다

Point ㅅもㅈもパッチムの位置に来ると[ㄷ]の発音になるため間違えやすいが、받습니다を해요体の받아요でも覚えておくと、綴りの間違いを避けられる。

4）長い　　　　　　　　　　　　　　　　　7

　　❶ 길다　　　② 기르다　　　③ 킬다　　　④ 낄다

23

3 次の日本語に当たるものを①～④の中から１つ選びなさい。

1) 体　　　　　　　　　　　　　　　　　　8

① 발　　→ 足　　　　　❷ 몸　　　→ 体
③ 허리　→ 腰　　　　　④ 가게　→ 店

2) 切手　　　　　　　　　　　　　　　　　9

① 의자　→ 椅子　　　　② 음악　→ 音楽
③ 은행　→ 銀行　　　　❹ 우표　→ 切手

Point 選択肢は全て漢字語で、それぞれの漢字表記は①〈椅子〉②〈音楽〉③〈銀行〉④〈郵票〉である。

3) 暑いです　　　　　　　　　　　　　　　10

① 쉽습니다　→ 易しいです　❷ 덥습니다　→ 暑いです
③ 낮습니다　→ 低いです　　④ 많습니다　→ 多いです

4) 先に　　　　　　　　　　　　　　　　　11

❶ 먼저　→ 先に　　　　② 어느　→ どの、ある
③ 다시　→ 再び　　　　④ 또　　→ また、さらに

Point 正答の①は、먼저 가세요「先に行ってください」、제가 먼저 갔습니

解 答

다「私が先に行きました」のように使う。

5）暮らします   12

　① 모릅니다 　→ 知りません
　② 걸립니다 　→ かかります
　❸ 삽니다 　　→ 暮らします；買います
　④ 신습니다 　→ 履きます

Point 살다の합니다体は、語幹からㄹが落ちて삽니다となる。大問⑦の2)も参照してほしい。ちなみに삽니다は사다「買う」の합니다体でもあり、「買います」の意味にもなる。他の選択肢の辞書形はそれぞれ①모르다、②걸리다、④신다である。

4 （　　　）の中に入れるのに最も適切なものを①〜④の中から1つ選びなさい。

1）제 방은 오 （ 13 ）에 있습니다.
　→ 私の部屋は5（ 13 ）にあります。

　① 년 　→ 〜年 　　　　② 명 　→ 〜人、〜名
　❸ 층 　→ 〜階 　　　　④ 권 　→ 〜冊、〜巻

Point ①と③は漢数詞につく助数詞で、②は固有数詞につく助数詞である。④は、1冊、2冊…と冊数を数える時は、固有数詞で数え、1巻、2巻…と各巻の番号を言う時は、漢数詞で数える。

2) 오늘은 (14) 춥습니다.
→ 今日は(14)寒いです。

❶ 날씨가 → 天気が　　② 닭이 → 鶏が
③ 나무가 → 木が　　　④ 구름이 → 雲が

3) 어제 책을 (15).
→ 昨日本を(15)。

① 나갔습니다 → 出ていきました
❷ 샀습니다 → 買いました
③ 갔습니다 → 行きました
④ 벗었습니다 → 脱ぎました

4) 그 드라마는 (16) 재미있습니다.
→ そのドラマは(16)面白いです。

① 어떻게 → どのように　　② 빨리 → 早く、急いで
③ 언제 → いつ　　　　　**❹** 아주 → とても

5) 일요일에 어디에 (17)?
→ 日曜日にどこに(17)?

① 봅니까 → 見ますか　　② 먹습니까 → 食べますか

解 答

❸ 다닙니까　→ 通いますか　　④ 만듭니까　→ 作りますか

Point 正答率が52％と非常に低かった問題。어디에に続くのは③다닙니까のみ。어디の後ろの助詞が、에「〜に」の代わりに에서「〜で」ならば①②④が正答になる。

5 (　　　　)の中に入れるのに最も適切なものを①〜④の中から1つ選びなさい。

1) A : 이 사람이 여동생이에요?

B : 아니요. 이 사람은 (　18　).

→ A : この人が妹ですか?
　 B : いいえ。この人は(　18　)。

① 고양이예요　→ 猫です
❷ 언니예요　　→ お姉さんです
③ 교실이에요　→ 教室です
④ 대학교예요　→ 大学です

2) A : 학교까지 어떻게 가요?

B : 버스를 (　19　) 가요.

→ A : 学校までどうやって行きますか?
　 B : バスに(　19　)行きます。

❶ 타고　　→ 乗って　　　② 찾고　→ 探して

第48回 解答

③ 보내고 → 送って   ④ 앉고 → 座って

Point 타다는 助詞 – 를/을을 伴い – 를/을 타다「〜に乗る」となる。日本語訳の「〜に」を直訳して助詞 – 에を使わないように注意したい。

3) A : 어디 아프세요?

B : 아침부터 (20) 많이 아파요.

→ A : どこか体の具合が悪いですか?
　 B : 朝から(20)とても痛いです。

① 방이 → 部屋が   ② 병원이 → 病院が

❸ 배가 → お腹が   ④ 학교가 → 学校が

4) A : 손님, 이 시계가 싸고 좋습니다.

B : (21) 그 시계 주세요.

→ A : お客様、この時計が安くていいです。
　 B : (21)その時計ください。

① 하지만 → しかし   ② 그리고 → そして

③ 그런데 → ところで   ❹ 그럼 → それなら

解　答

6 文の意味を変えずに、下線部の言葉と置き換えが可能なもの
を①〜④の中から１つ選びなさい。

1) 남동생 생일에 휴대폰을 <u>선물했어요</u>.   ☐ 22

→ 弟の誕生日に携帯電話を<u>プレゼントしました</u>。

① 축하했어요　→ お祝いしました

❷ 주었어요　　→ あげました

③ 전화했어요　→ 電話しました

④ 배웠어요　　→ 学びました

Point 선물〈膳物〉は「贈り物、プレゼント」という名詞で、선물하다は「贈り
物をする、プレゼントする」という動詞。

2) 저 식당은 <u>몇 시부터 해요</u>?   ☐ 23

→ あの食堂は<u>何時から営業します</u>か？

❶ 몇 시에 문을 열어요　　→ 何時に開店しますか

② 몇 시에 문을 닫아요　　→ 何時に閉店しますか

③ 몇 시까지 식사를 해요　→ 何時まで食事をしますか

④ 몇 시까지 돈을 찾아요　→ 何時までにお金をおろしますか

Point 連語の問題。正答率が62％と5級としては低かった。下線部の몇 시
부터 해요？は直訳すると「何時からしますか？」となるので正答は
①몇 시에 문을 열어요？「何時に開店しますか(直訳：戸を開けます
か)？」。문을 열다は「戸を開ける、開店する」、②の문을 닫다は「戸を
閉める、閉店する」。③④の-까지には、「〜まで」と「〜までに」とい
う意味がある。

第48回　解答

7 (　　　)の中に入れるのに適切なものを①～④の中から1つ
選びなさい。

1) 언제 (　24　)?
　→ いつ(　24　)?

　① 나갔아요　　　→ ×
　❷ 나갔어요　　　→ 出かけましたか
　③ 나가었어요　　→ ×
　④ 나겄어요　　　→ ×

2) 그 사람을 (　25　)?
　→ その人を(　25　)?

　❶ 압니까　　→ 知っていますか
　② 알습니까　→ ×
　③ 아습니까　→ ×
　④ 알요　　　→ ×

Point 語幹がㄹで終わる알다は、ㄹ語幹用言と言う。합니다体にする場合、
語幹からㄹを脱落させてから－ㅂ니까をつける。また、해요体の場
合は、語幹の母音がㅏなので、－아요をつけて알아요になる。

3) 정말 (　26　).
　→ 本当に(　26　)。

解　答

① 죄송하어요　→ ×

② 죄송하요　　→ ×

❸ 죄송해요　　→ 申し訳ありません

④ 죄송하아요　→ ×

8 （　　　　）の中に入れるのに適切なものを①〜④の中から１つ選びなさい。

1）볼펜（　27　）쓰세요.

→ ボールペン（　27　）書いてください。

① 보다　→ 〜より　　　② 에게　→ 〜に

③ 이　　→ 〜が　　　　❹ 으로　→ 〜で

Point 助詞の用法を問う問題。正答率68％と5級としては低かった問題。−(으)로は次の3つの意味がある。1)「〜で(手段・道具・方法)」、2)「〜へ(方向)」、3)「〜として(資格)」ここでは（　）の前後から判断して、1)の意味。연필로「鉛筆で」のようにㄹパッチムで終わる体言につく時には으が入らないことも押さえておかなくてはいけない。

2）친구（　28　）같이 커피를 마십니다.

→ 友達（　28　）一緒にコーヒーを飲みます。

① 한테　→ 〜に　　　　❷ 와　　→ 〜と

③ 를　　→ 〜を　　　　④ 에서　→ 〜で；〜から

3) A：무엇을 시킬까요?

B：저는 불고기（ 29 ）.

→ A：何を注文しますか？

B：私は焼肉（ 29 ）。

❶ 로 하겠습니다　→　〜にします

② 이 아닙니다　　→　〜ではありません

③ 와 같아요　　　→　〜と同じです

④ 라고 해요　　　→　〜と言います

Point Aが무엇을 시킬까요？「何を注文しますか？」と尋ねているので①が正答。「〜にする」は－（으）로 하다と表現する。하겠습니다の－겠－は、「〜するつもりだ」という意志を表す補助語幹である。例えば注文する料理を冷麺にするつもりなら、저는 냉면으로 하겠습니다「私は冷麺にします」と言う。

9 次の場面や状況において最も適切なあいさつやあいづちなどの言葉を①〜④の中から１つ選びなさい。

1) 店の人が客を迎えるとき。　　　　　　　　　　30

① 고맙습니다.　　→　ありがとうございます。

② 여기요.　　　　→　（人に呼びかけて）すみません。

③ 또 만나요.　　　→　また会いましょう。

❹ 어서 오세요.　　→　いらっしゃいませ。

解 答

2） 相手の意見や希望を尋ねるとき。　　　　　　　　31

❶ 어떻습니까?　　→ いかがですか?

② 알겠습니까?　　→ 分かりましたか?

③ 안녕하십니까?　→ こんにちは。

④ 맞아요?　　　　→ 正しいですか?

10 対話文を完成させるのに最も適切なものを①～④の中から1つ選びなさい。

1） A：（　32　）?

B：네, 오늘은 일이 많아요. 저녁까지 시간이 없어요.

→ A：（　32　）?

B：はい、今日は仕事が多いです。夕方まで時間がありません。

① 어디에 가고 싶어요　→ どこに行きたいですか

② 많이 춥습니까　　　→ とても寒いですか

❸ 밥 안 먹었어요　　　→ ご飯を食べてないんですか

④ 언제 친구가 왔어요　→ いつ友達が来ましたか

Point Bが네「はい」と返事をしているので、質問はYesかNoで答えられるものに限られる。よって、まず疑問詞の어디や언제から始まる①と④は正答から除外しよう。

2）A :（　33　）?

　　B : 싸고 맛있어요.

　　→ A :（　33　）?
　　　　B : 安くておいしいです。

　　① 역에서 멀어요　　　　　→ 駅から遠いですか

　　② 여기에 차를 세울까요　→ ここに車を停めましょうか

　　③ 어디에서 먹어요　　　　→ どこで食べますか

　　❹ 이 집 냉면은 어때요　　→ この店の冷麺はどうですか

3）A : 어제 저녁에 영화를 봤어요.

　　B :（　34　）?

　　A : 오빠하고요.

　　→ A : 昨日の夕方に映画を見ました。
　　　　B :（　34　）?
　　　　A : お兄さんとです。

　　① 어디서 봤어요　　　→ どこで見ましたか

　　② 무엇을 먹었어요　　→ 何を食べましたか

　　③ 재미있었어요　　　　→ 面白かったですか

　　❹ 누구하고 봤어요　　→ 誰と見ましたか

4）A : 다음 주에 여행을 가요.

　　B :（　35　）?

　　A : 아니요. 이번에는 중국에 가요.

解　答

→　A：来週に旅行に行きます。
　　B：（　35　）？
　　A：いいえ。今回は中国に行きます。

❶　또 한국에 가요　　　　　→　また韓国に行きますか

②　어디에 가요　　　　　　→　どこに行きますか

③　중국으로 여행을 가요　→　中国に旅行に行きますか

④　같이 가요　　　　　　　→　一緒に行きますか

5）　A：왜 집에 안 가요？
　　B：（　36　）．
　　A：우산을 안 가지고 왔어요？
→　A：どうして家に帰らないのですか？
　　B：（　36　）。
　　A：傘を持って来なかったんですか？

①　빨리 오고 싶어요　　　→　早く来たいです

❷　지금 비가 많이 와요　→　今雨がたくさん降っています

③　시간이 없어요　　　　　→　時間がありません

④　아주 바빠요　　　　　　→　とても忙しいです

11 対話文を読んで、問いに答えなさい。

정우 : 미나 씨! 어서 오세요. 우리 가게는 처음 오죠?

미나 : 네. 가게는 (　37　)?

정우 : 아뇨, 손님이 없어요.

미나 : 그래요? 그런데 정우 씨, 저 다음 달에 결혼해요.
　　　　결혼식에 꼭 오세요.

정우 : 정말요? 축하해요, 미나 씨. 네, 결혼식에 꼭 가겠습니
　　　　다.

→ ジョンウ : ミナさん！　いらっしゃいませ。うちの店、初めて来ますよ
　　　　　　　ね？

　ミ　　ナ : はい。お店は（　37　）？

　ジョンウ : いいえ、お客さんがいません。

　ミ　　ナ : そうですか。ところで、ジョンウさん、私、来月結婚します。
　　　　　　　結婚式にぜひ来てください。

　ジョンウ : 本当ですか？　おめでとうございます、ミナさん。はい、結
　　　　　　　婚式に必ず行きます。

1）（　37　）の中に入れるのに適切なものを①〜④の中から1
つ選びなさい。　　　　　　　　　　　　　　　　　　　 37

❶ 잘돼요　→ うまくいっていますか

② 안돼요　→ だめですか

③ 잘해요　→ 上手ですか

④ 어때요　→ どうですか

Point 正答率38％と今回の筆記試験で最も低かった問題。正解の①잘되다

解　答

は「(仕事や商売等が)うまくいく、成功する」の意味で、공부가 잘돼요「勉強がうまくいっています」のように使う。それに対し誤答の③잘하다は「上手だ、特異だ、よくできる」という意味の他動詞で、공부를 잘해요「勉強がよくできます」のように使う。

2）2人は今どこにいるのか、適切なものを①〜④の中から1つ選びなさい。　　　　　　　　　　　　　　　　　　38

　　① ミナの家　　　　　　　　② 結婚式場

　　❸ ジョンウの店　　　　　　④ 映画館

3）本文の内容と一致するものを①〜④の中から1つ選びなさい。

　　　　　　　　　　　　　　　　　　　　　　　　39

　　① ジョンウの店は繁盛している。

　　❷ ジョンウはミナの結婚式に出席するつもりだ。

　　③ ミナはジョンウの店に何回も行ったことがある。

　　④ ミナは先月結婚式を挙げた。

2017年春季第48回
「ハングル」能力検定試験

5級

聞取問題

（30分）

第**48**回 問　題

（試験時はマークシートですが、下の表を使いCDを聞きながら実際に解いてみましょう）

問題	設問	CDトラック	解答番号（マークシート）	マークシートチェック欄			
1	1)	3	1	[1]	[2]	[3]	[4]
	2)	4	2	[1]	[2]	[3]	[4]
	3)	5	3	[1]	[2]	[3]	[4]
2	1)	7	4	[1]	[2]	[3]	[4]
	2)	8	5	[1]	[2]	[3]	[4]
	3)	9	6	[1]	[2]	[3]	[4]
3	1)	11	7	[1]	[2]	[3]	[4]
	2)	12	8	[1]	[2]	[3]	[4]
4	1)	14	9	[1]	[2]	[3]	[4]
	2)	15	10	[1]	[2]	[3]	[4]
5	1)	17	11	[1]	[2]	[3]	[4]
	2)	18	12	[1]	[2]	[3]	[4]
6	1)	20	13	[1]	[2]	[3]	[4]
	2)	21	14	[1]	[2]	[3]	[4]
	3)	22	15	[1]	[2]	[3]	[4]
7	1)	24	16	[1]	[2]	[3]	[4]
	2)	25	17	[1]	[2]	[3]	[4]
	3)	26	18	[1]	[2]	[3]	[4]
8	質問1	28	19	[1]	[2]	[3]	[4]
	質問2	29	20	[1]	[2]	[3]	[4]

問 題

1 解答はマークシートの1番～3番にマークしてください。

〈2点×3問〉

◎トラック3

1）（＿＿＿＿＿＿＿＿＿＿＿＿＿＿） 배우고 싶어요.　　　　1

　　① 영어를　　② 영화를　　③ 여름을　　④ 여행을

◎トラック4

2）저는 그 다음 역에서 （＿＿＿＿＿＿＿＿＿＿＿）.　　　2

　　① 넣었어요　　② 내렸어요　　③ 냈어요　　④ 놓았어요

◎トラック5

3）교실 （＿＿＿＿＿＿＿＿＿＿＿＿） 동생을 기다렸습니다.

　　　　　　　　　　　　　　　　　　　　　　　　　　3

　　① 옆에서　　② 밑에서　　③ 밖에서　　④ 앞에서

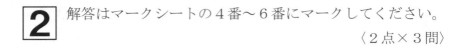

第48回 問題

2 解答はマークシートの4番〜6番にマークしてください。

〈2点×3問〉

◎トラック7

1) 7월 (　　　　)에 한국에 갑니다.   4

　　① 4일　　　② 14일　　　③ 20일　　　④ 10일

◎トラック8

2) 밤 (　　　　)시에 잡니다.   5

　　① 11　　　② 2　　　③ 12　　　④ 10

◎トラック9

3) 그것은 (　　　　)이에요.   6

　　① 6,000원　　② 80,000원　　③ 18,000원　　④ 8,000원

問　題

3 解答はマークシートの7番と8番にマークしてください。
（空欄はメモをする場合にお使いください）　〈2点×2問〉

◎トラック11

1）_____
_____
_____

【質問】_____ ☐ 7

問 題

◎トラック12

2) --

【質問】 -- 8

4

解答はマークシートの9番と10番にマークしてください。
（空欄はメモをする場合にお使いください）　〈2点×2問〉

◎トラック14

1）- -　9

① 한국사람이에요.　　② 노래를 잘해요.
③ 선생님이에요.　　④ 일본어를 배워요.

◎トラック15

2）- -　10

① 아홉 시는 어떠세요?　　② 오래간만입니다.
③ 내일이 좋아요.　　④ 팔월에 만나요.

5 解答はマークシートの11番と12番にマークしてください。
(空欄はメモをする場合にお使いください) 〈2点×2問〉

◎トラック17

1)男:여기요. 물 좀 주세요.

女:(　　　　11　　　　).

①_____

②_____

③_____

④_____

◎トラック18

2)女:일주일에 몇 번 거기에 다녀요?

男:(　　　　12　　　　).

①_____

②_____

③_____

④_____

問題

6 解答はマークシートの13番〜15番にマークしてください。
（空欄はメモをする場合にお使いください） 〈2点×3問〉

◎トラック20

1)　-- 　13

① 火曜日に運動をしたいです。

② 日曜日に野球をしたいです。

③ 火曜日に運動靴を買いたいです。

④ 日曜日に野球を見たいです。

◎トラック21

2)　-- 　14

① 家でランチを作って食べました。

② 友達と毎日ランチを食べます。

③ 家族で夕食を食べました。

④ 友達と食堂で夕食を食べました。

◎トラック22

3）--- 　15

① 来年の秋に家族と韓国に行きます。

② 今年の冬から家族と韓国に住みます。

③ 来年の秋から家族と韓国に住みます。

④ 今年の冬に家族と韓国に旅行に行きます。

7 解答はマークシートの16番〜18番にマークしてください。
（空欄はメモをする場合にお使いください）〈2点×3問〉

◎トラック24

1）男：- -
　　女：- -　　16

　　① 女性はカバンをなくしました。
　　② 男性は女性に会いたがっています。
　　③ 女性は椅子に座っています。
　　④ 男性はカバンを探しています。

◎トラック25

2）男：- -
　　女：- -
　　男：- -　　17

　　① 二人は会おうとしています。
　　② 女性は男性を待っています。
　　③ 女性は郵便局の中にいます。
　　④ 男性は女性に謝っています。

◎トラック26

3）男：_____

　　女：_____　　18

　　① 二人は会社の同僚です。

　　② 女性はスカートを買いに来ました。

　　③ 男性は女性にスカートを贈りました。

　　④ 女性は男性と一緒に暮らしています。

問　題

8 解答はマークシートの19番と20番にマークしてください。
（空欄はメモをする場合にお使いください）〈2点×2問〉

◎トラック28・29

【質問1】 --- ⌐19⌐

① 학교　　　　② 회사　　　　③ 역　　　　④ 도서관

【質問2】 --- ⌐20⌐

① 신문을 봐요.　　　　② 식사를 해요.
③ 책을 읽어요.　　　　④ 저하고 놀아요.

第48回

解答　　　　　(＊白ヌキ数字が正答番号)

これから5級の聞きとりテストを行います。選択肢①〜④の中から解答を1つ選び、マークシートの指定された欄にマークしてください。どの問題もメモをする場合は問題冊子の空欄にしてください。マークシートにメモをしてはいけません。では始めます。

1 短い文を2回読みます。(　　　)の中に入れるのに適切なものを①〜④の中から1つ選んでください。解答はマークシートの1番〜3番にマークしてください。次の問題に移るまでの時間は15秒です。では始めます。

1) (영어를) 배우고 싶어요.　　　　　　　　　　　　[1]

　　→ 英語を学びたいです。

　　❶ 영어를　→ 英語を　　　　② 영화를　→ 映画を

　　③ 여름을　→ 夏を　　　　　④ 여행을　→ 旅行を

2) 저는 그 다음 역에서 (내렸어요).　　　　　　　　[2]

　　→ 私はその次の駅で降りました。

　　① 넣었어요　→ 入れました　　❷ 내렸어요　→ 降りました

　　③ 냈어요　　→ 出しました　　④ 놓았어요　→ 置きました

3) 교실 (밖에서) 동생을 기다렸습니다.　　　　　　[3]

　　→ 教室の外で弟(妹)を待ちました。

解 答

① 옆에서　→　隣で　　　　② 밑에서　→　下で

❸ 밖에서　→　外で　　　　④ 앞에서　→　前で

Point 옆(隣)、밑/아래(下)、위(上)、밖(外)、앞(前)、안/속(中)といった位置を表す表現をしっかり学習しておきたい。

2 短い文を2回読みます。(　　　)の中に入れるのに適切なものを①〜④の中から1つ選んでください。解答はマークシートの4番〜6番にマークしてください。次の問題に移るまでの時間は20秒です。では始めます。

1) 7월 (십사 일)에 한국에 갑니다. ［4］

→ 7月14日に韓国に行きます。

① 4일　　　❷ 14일　　　③ 20일　　　④ 10일

2) 밤 (열두) 시에 잡니다. ［5］

→ 夜12時に寝ます。

① 11　　　② 2　　　❸ 12　　　④ 10

Point 固有数詞の問題。毎回必ず出題されるのでしっかりマスターしたい。5級では20までの固有数詞が出題範囲。

3) 그것은 (팔천 원)이에요. ［6］

→ それは8,000ウォンです。

① 6,000원　　② 80,000원　　③ 18,000원　　❹ 8,000원

3 文章と質問文を２回読みます。【質問】に対する答えとして適切な絵を①〜④の中から１つ選んでください。解答はマークシートの７番と８番にマークしてください。次の問題に移るまでの時間は30秒です。では始めます。

1) 저는 감기에 걸렸어요. 오늘 약을 샀어요. 회사에는 안 가고 집에서 잤어요.
   → 私は風邪をひきました。今日、薬を買いました。会社には行かず家で寝ました。

   【質問】 저는 오늘 무엇을 했습니까?　　　　　7
   → 私は今日何をしましたか？

解　答

2）제 옆의 사람은 신문을 읽습니다. 제 앞의 사람은 안경을
쓰고 제 뒤의 사람은 커피를 마십니다.

　→ 私の隣の人は新聞を読んでいます。私の前の人は眼鏡をかけていて、
　　私の後ろの人はコーヒーを飲んでいます。

【質問】　저는 몇 번입니까？　　　　　　　　　　　　　8

　　→　私は何番ですか？

第48回 解答

Point 正答率85％と低くはなかったが、誤答の③④を選んだ受験者がわず
かにいた。옆「隣」、앞「前」、뒤「後ろ」といった位置を表す言葉や안경
을 쓰다「メガネをかける」、커피를 마시다「コーヒーを飲む」といっ
た連語をしっかりマスターしておきたい。

4 問いかけの文を２回読みます。応答文として最も適切なもの
を①〜④の中から１つ選んでください。解答はマークシート
の９番と10番にマークしてください。次の問題に移るまでの
時間は40秒です。では始めます。

1) 학교에서 무엇을 공부해요?　　　　　　　　　9
　→ 学校で何を勉強しますか？

解　答

① 한국사람이에요.　　→　韓国人です。

② 노래를 잘해요.　　　→　歌が上手です。

③ 선생님이에요.　　　→　先生です。

❹ 일본어를 배워요.　　→　日本語を学びます。

2）내일 몇 시에 만날까요?　　　　　　　　10

→　明日何時に会いましょうか?

❶ 아홉 시는 어떠세요?　→　9時はどうですか?

② 오래간만입니다.　　　→　お久しぶりです。

③ 내일이 좋아요.　　　　→　明日がいいです。

④ 팔월에 만나요.　　　　→　8月に会います。

Point 時間を表す時、時「～時」には固有数詞、分「～分」には漢数詞を使うので注意したい。

5 ①～④の選択肢を2回ずつ読みます。話しかけに対する応答として最も適切なものを1つ選んでください。解答はマークシートの11番と12番にマークしてください。次の問題に移るまでの時間は40秒です。では始めます。

1）男：여기요. 물 좀 주세요.

→　すみません。ちょっとお水をください。

女：(　11　).

第48回　解答

① 많이 먹었어요　→ たくさん食べました

❷ 잠깐만요　　　→ 少々お待ちください

③ 실례합니다　　→ 失礼します

④ 천만에요　　　→ どういたしまして

Point 誤答の④を選んだ受験者が11％いた。④천만에요はお礼や感謝の言葉を言われて返す表現。

2）女：일주일에 몇 번 거기에 다녀요?

　　　→ 一週間に何回そこに通いますか?

　男：（　12　）.

① 아침에 가요　　　→ 朝に行きます

② 저도 반가워요　　→ 私もお目にかかれて嬉しいです

③ 네, 그렇습니다　　→ はい、そうです

❹ 수요일에만 가요　→ 水曜日にだけ行きます

Point 正答率70％と5級としては低かった問題。몇 번と、回数を尋ねる質問に対して、回数で答えている選択肢がないため、若干難易度が高かった。まず、네と答えている③は排除しよう。②の返答が出るには相手が반가워요など、うれしさを表現しなければならない。하루에 몇 번「一日に何回」ではなく、일주일에 몇 번と問うているため、曜日で答えている④が正答である。「水曜日だけ」つまり「一週間に一回行く」という意味である。

解 答

6 短い文を2回読みます。その日本語訳として適切なものを①
～④の中から1つ選んでください。解答はマークシートの13
番～15番にマークしてください。次の問題に移るまでの時間
は45秒です。では始めます。

1) 화요일에 운동을 하고 싶어요. [13]

❶ 火曜日に運動をしたいです。

② 日曜日に野球をしたいです。

③ 火曜日に運動靴を買いたいです。

④ 日曜日に野球を見たいです。

2) 친구하고 식당에서 저녁을 먹었어요. [14]

① 家でランチを作って食べました。

② 友達と毎日ランチを食べます。

③ 家族で夕食を食べました。

❹ 友達と食堂で夕食を食べました。

3) 올해 겨울부터 가족하고 한국에서 삽니다. [15]

① 来年の秋に家族と韓国に行きます。

❷ 今年の冬から家族と韓国に住みます。

③ 来年の秋から家族と韓国に住みます。

第48回　解　答

④ 今年の冬に家族と韓国に旅行に行きます。

Point 正答率90%と高かった問題ではあるが、③を選んだ受験者がわずかにいた。가을「秋」と겨울「冬」を聞きわけられるようにしたい。

7 対話文を2回読みます。その内容と一致するものを①〜④の中から1つ選んでください。解答はマークシートの16番〜18番にマークしてください。次の問題に移るまでの時間は45秒です。では始めます。

1) 男：미원 씨, 내 가방 봤어요?

　　女：저기 의자 위에 있어요.　　　　　　　　　　16

　　→ 男：ミウォンさん、私のカバン見ましたか？
　　　　 女：あそこの椅子の上にあります。

　　① 女性はカバンをなくしました。
　　② 男性は女性に会いたがっています。
　　③ 女性は椅子に座っています。
　　❹ 男性はカバンを探しています。

2) 男：여보세요? 지금 어디예요?

　　女：우체국 앞이에요.

　　男：알았어요. 천천히 오세요.　　　　　　　　　17

　　→ 男：もしもし？今どこですか？
　　　　 女：郵便局の前です。

解　答

　　　男：分かりました。ゆっくり来てください。

❶　二人は会おうとしています。
②　女性は男性を待っています。
③　女性は郵便局の中にいます。
④　男性は女性に謝っています。

Point　正答率71％と5級としては低かった問題。誤答の③を選んだ受験者が20％いた。郵便局の中にいるならば、女性は우체국 안이에요と言わなければならない。

3）男：어서 오세요. 무엇을 찾으세요?
　　女：치마를 하나 사고 싶어요.　　　18

→　男：いらっしゃいませ。何をお探しですか？
　　女：スカートを一つ買いたいです。

①　二人は会社の同僚です。
❷　女性はスカートを買いに来ました。
③　男性は女性にスカートを贈りました。
④　女性は男性と一緒に暮らしています。

第48回　解答

---

8 文章と質問文をセットにして読みます。質問は２つあり、文章と【質問１】、文章と【質問２】の形で読みます。【質問】に対する答えとして適切なものを①～④の中から１つ選んでください。解答はマークシートの19番と20番にマークしてください。それぞれの問題を解く時間は45秒です。では始めます。

저는 일요일 아침에 아이하고 도서관에 갑니다.
아이는 책을 읽고 저는 신문을 봅니다.

→ 私は日曜日の朝に子どもと図書館に行きます。
　 子どもは本を読み、私は新聞を読みます[直訳：見ます]。

【質問１】　일요일에 어디에 갑니까?　　　　　　　　　19

　　　　　→ 日曜日にどこに行きますか？

① 학교　　→ 学校　　　　② 회사　→ 会社
③ 역　　　→ 駅　　　　　❹ 도서관　→ 図書館

【質問2】　아이는 거기서 무엇을 합니까?　　　　　　20

　　　　　→ 子どもはそこで何をしますか？

① 신문을 봐요.　　→ 新聞を読みます。
② 식사를 해요.　　→ 食事をします。
❸ 책을 읽어요.　　→ 本を読みます。
④ 저하고 놀아요.　→ 私と遊びます。

解 答

 아이는 거기서 무엇을 합니까?「子どもはそこで何をしますか？」
と聞いているので③が正答。本文で아이는 책을 읽고「子どもは本を
読んで」と言っている。選択肢に出てくる신문을 보다「新聞を読む」、
식사를 하다「食事をする」、책을 읽다「本を読む」といった連語もマ
スターしておきたい。거기서の−서は−에서と同じ意味である。両方
の形を覚えておこう。

5級筆記　正答と配点

●60点満点

問題	設問	マークシート番号	正答	配点
1	1)	1	4	1
	2)	2	1	1
	3)	3	3	1
2	1)	4	3	1
	2)	5	2	1
	3)	6	4	1
	4)	7	1	1
3	1)	8	2	1
	2)	9	4	1
	3)	10	2	1
	4)	11	1	1
	5)	12	3	1
4	1)	13	3	2
	2)	14	1	2
	3)	15	2	2
	4)	16	4	2
	5)	17	3	2
5	1)	18	2	2
	2)	19	1	2
	3)	20	3	2
	4)	21	4	2

問題	設問	マークシート番号	正答	配点
6	1)	22	2	2
	2)	23	1	2
7	1)	24	2	1
	2)	25	1	1
	3)	26	3	1
8	1)	27	4	1
	2)	28	2	1
	3)	29	1	1
9	1)	30	4	2
	2)	31	1	2
10	1)	32	3	2
	2)	33	4	2
	3)	34	4	2
	4)	35	1	2
	5)	36	2	2
11	1)	37	1	2
	2)	38	3	2
	3)	39	2	2

５級聞きとり 正答と配点

●40点満点

問題	設問	マークシート番号	正　答	配　点
1	1)	1	1	2
	2)	2	2	2
	3)	3	3	2
2	1)	4	2	2
	2)	5	3	2
	3)	6	4	2
3	1)	7	4	2
	2)	8	2	2
4	1)	9	4	2
	2)	10	1	2
5	1)	11	2	2
	2)	12	4	2
6	1)	13	1	2
	2)	14	4	2
	3)	15	2	2
7	1)	16	4	2
	2)	17	1	2
	3)	18	2	2
8	質問1	19	4	2
	質問2	20	3	2

第48回

正答と配点

5級

2017年秋季第49回
「ハングル」能力検定試験

筆記問題
（60分）

※本ページのマークシートは第49回検定試験までの使用見本（縮小版）です。
※2018年春季第50回検定試験から聞きとり、筆記合わせてマークシートは1枚となり、形も変わります。

「ハングル」能力検定試験

ハングル能力検定協会

※必ずご記入ください

受 験 級	受験地コード	受 験 番 号	生まれ月日
1 級 ･･･ ［ ］			月　　日
2 級 ･･･ ［ ］			
準2級 ･･･ ［ ］			
3 級 ･･･ ［ ］			
4 級 ･･･ ［ ］			
5 級 ･･･ ［ ］			

氏　名
受験地

見 本

（記入心得）
1．必ず先の丸いＨＢの鉛筆を使用してください。
2．訂正するときは、消しゴムで完全に消してください。
3．枠からはみ出さないように、ていねいに塗りつぶしてください。

（記入例）解答が「1」の場合

■■　　［2］　　［3］　　［4］

解 答 欄

1	［1］	［2］	［3］	［4］
2	［1］	［2］	［3］	［4］
3	［1］	［2］	［3］	［4］
4	［1］	［2］	［3］	［4］
5	［1］	［2］	［3］	［4］
6	［1］	［2］	［3］	［4］
7	［1］	［2］	［3］	［4］
8	［1］	［2］	［3］	［4］
9	［1］	［2］	［3］	［4］
10	［1］	［2］	［3］	［4］
11	［1］	［2］	［3］	［4］
12	［1］	［2］	［3］	［4］
13	［1］	［2］	［3］	［4］
14	［1］	［2］	［3］	［4］
15	［1］	［2］	［3］	［4］
16	［1］	［2］	［3］	［4］
17	［1］	［2］	［3］	［4］
18	［1］	［2］	［3］	［4］
19	［1］	［2］	［3］	［4］
20	［1］	［2］	［3］	［4］
21	［1］	［2］	［3］	［4］
22	［1］	［2］	［3］	［4］
23	［1］	［2］	［3］	［4］
24	［1］	［2］	［3］	［4］
25	［1］	［2］	［3］	［4］
26	［1］	［2］	［3］	［4］
27	［1］	［2］	［3］	［4］
28	［1］	［2］	［3］	［4］
29	［1］	［2］	［3］	［4］
30	［1］	［2］	［3］	［4］
31	［1］	［2］	［3］	［4］
32	［1］	［2］	［3］	［4］
33	［1］	［2］	［3］	［4］
34	［1］	［2］	［3］	［4］
35	［1］	［2］	［3］	［4］
36	［1］	［2］	［3］	［4］
37	［1］	［2］	［3］	［4］
38	［1］	［2］	［3］	［4］
39	［1］	［2］	［3］	［4］
40	［1］	［2］	［3］	［4］
41	［1］	［2］	［3］	［4］
42	［1］	［2］	［3］	［4］
43	［1］	［2］	［3］	［4］
44	［1］	［2］	［3］	［4］
45	［1］	［2］	［3］	［4］
46	［1］	［2］	［3］	［4］
47	［1］	［2］	［3］	［4］
48	［1］	［2］	［3］	［4］
49	［1］	［2］	［3］	［4］
50	［1］	［2］	［3］	［4］
51	［1］	［2］	［3］	［4］
52	［1］	［2］	［3］	［4］
53	［1］	［2］	［3］	［4］
54	［1］	［2］	［3］	［4］
55	［1］	［2］	［3］	［4］
56	［1］	［2］	［3］	［4］
57	［1］	［2］	［3］	［4］
58	［1］	［2］	［3］	［4］
59	［1］	［2］	［3］	［4］
60	［1］	［2］	［3］	［4］

K243IB 110kg

問 題

1 発音どおり表記したものを①〜④の中から1つ選びなさい。
（マークシートの1番〜3番を使いなさい） 〈1点×3問〉

1）목요일입니다 ☐ 1

① ［모교이린니다］ ② ［목교이림미다］
③ ［모교이림니다］ ④ ［목교이린니다］

2）축구 ☐ 2

① ［추구］ ② ［축꾸］ ③ ［충구］ ④ ［축쿠］

3）싫어요 ☐ 3

① ［시허요］ ② ［실러요］ ③ ［시어요］ ④ ［시러요］

問題

2 次の日本語の意味を正しく表記したものを①〜④の中から1つ選びなさい。

（マークシートの4番〜7番を使いなさい）〈1点×4問〉

1) ねこ　　　　　　　　　　　　　　　　　　4

① 공야기　　② 고야이　　③ 고양기　　④ 고양이

2) 先生　　　　　　　　　　　　　　　　　　5

① 생생닌　　② 샘샘님　　③ 선생님　　④ 성샌님

3) 低いです　　　　　　　　　　　　　　　　6

① 낮습니다　② 낟습니다　③ 낳습니다　④ 낫습니다

4) もしもし　　　　　　　　　　　　　　　　7

① 여버새요　② 여보세요　③ 요버새요　④ 요보세요

3 次の日本語に当たるものを①～④の中から１つ選びなさい。
（マークシートの８番～12番を使いなさい）〈１点×５問〉

1）手　　　　　　　　　　　　　　　　　　　　 8

　　① 소　　　　② 술　　　　③ 손　　　　④ 새

2）音楽　　　　　　　　　　　　　　　　　　　 9

　　① 올해　　　② 음악　　　③ 음식　　　④ 은행

3）悪いです　　　　　　　　　　　　　　　　　 10

　　① 나빠요　　② 비싸요　　③ 늦어요　　④ 아파요

4）よく　　　　　　　　　　　　　　　　　　　 11

　　① 잘　　　　② 아주　　　③ 너무　　　④ 곧

5）遊びます　　　　　　　　　　　　　　　　　 12

　　① 지납니다　② 팝니다　　③ 참니다　　④ 놉니다

4 ( )の中に入れるのに最も適切なものを①～④の中から1つ選びなさい。

(マークシートの13番～17番を使いなさい) 〈2点×5問〉

1) 이 책이 (13)예요?

① 누구　　　② 얼마　　　③ 언제　　　④ 무슨

2) 유미 씨도 그 (14)에 다녔어요?

① 편지　　　② 친구　　　③ 학교　　　④ 취미

3) 오늘 아침에는 택시를 (15).

① 갔어요　　　　　② 탔어요
③ 마셨어요　　　　④ 일어났어요

4) 내일은 한 시(16) 수업이 있어요.

① 에서　　　② 와　　　③ 과　　　④ 부터

5) 이 우산을 (　17　).

　① 쓰세요　　② 웃으세요　　③ 입으세요　　④ 벗으세요

第49回

問　題

5 （　　　）の中に入れるのに最も適切なものを①～④の中から1つ選びなさい。

（マークシートの18番～21番を使いなさい）　〈2点×4問〉

1）A : 생일이 언제예요?

　　B : 이번 주 （　18　）이에요.

① 토요일　　　② 칠월　　　③ 일곱 살　　④ 여섯 명

2）A : 거기 날씨가 어떻습니까?

　　B : 아주 （　19　）.

① 어렵습니다　② 춥습니다　　③ 가깝습니다　④ 잘합니다

3）A : 일본은 이번이 처음이죠?

　　B : （　20　）, 두 번째예요.

① 맞아요　　　② 그래요　　　③ 아니에요　　④ 몰라요

4）A : （　21　） 나라에서 왔어요?

　　B : 중국에서요.

① 몇　　　　② 무엇　　　③ 또　　　　④ 어느

6 文の意味を変えずに、下線部の言葉と置き換えが可能なものを①～④の中から1つ選びなさい。

（マークシートの22番～23番を使いなさい）〈2点×2問〉

1）영어시험은 <u>6 시까지입니다</u>. 　　　　　　　　　　22

　　① 6 시까지 기다렸습니다　　② 6 시에 갑니다
　　③ 6 시에 끝납니다　　　　　　④ 6 시부터 시작됩니다

2）어제 몸이 <u>안 좋았어요</u>. 　　　　　　　　　　　　23

　　① 싫었어요　　② 아팠어요　　③ 컸어요　　　④ 작았어요

第49回 問題

7 （　　　　）の中に入れるのに適切なものを①～④の中から1つ選びなさい。

（マークシートの24番～26番を使いなさい）　〈1点×3問〉

1）냉면（　24　）?

　　① 시컸어요　　② 시캤어요　　③ 시킸어요　　④ 시켰어요

2）옆집 아이가 또（　25　）.

　　① 웁니다　　② 울습니다　　③ 우습니다　　④ 울읍니다

3）결혼（　26　）.

　　① 축하해요　　② 축하하요　　③ 축하아요　　④ 축하어요

8 （　　　　）の中に入れるのに適切なものを①～④の中から1つ選びなさい。

（マークシートの27番～29番を使いなさい）　〈1点×3問〉

1）이 구두（　27　）저 구두는 값이 같죠?

　①　만　　　　　　②　하고　　　　　③　보다　　　　　④　로

2）그 아주머니는 저에게는 어머니（　28　）.

　①　과 같아요　　　　　　　②　으로 해요
　③　와 같아요　　　　　　　④　이 아니에요

3）A : 우리 언제（　29　）
　B : 내일이 어때요?

　①　만나세요?　　　　　　　②　만납니다만.
　③　만났습니다.　　　　　　④　만날까요?

第49回 問題

9 次の場面や状況において最も適切なあいさつやあいづちなどの言葉を①〜④の中から1つ選びなさい。

(マークシートの30番〜31番を使いなさい) 〈2点×2問〉

1) 初めて会った人にあいさつするとき。 　30

① 처음 뵙겠습니다. 　　② 어서 오세요.
③ 실례합니다. 　　④ 안녕히 가세요.

2) 許可を求めている人に対して、構わないと言うとき。 　31

① 그렇습니다. 　　② 반가워요.
③ 잠깐만요. 　　④ 괜찮아요.

10 対話文を完成させるのに最も適切なものを①〜④の中から
１つ選びなさい。

　　（マークシートの32番〜36番を使いなさい）　〈２点×５問〉

１）A :（　　32　　）

　　B : 안경과 교과서요.

　　① 이 책 어디에 놓을까요 ?

　　② 우리 남편은 눈이 안 좋아요.

　　③ 가방에 무엇을 넣었어요 ?

　　④ 내일까지 읽고 싶어요.

２）A : 미나 씨, 철수 씨 좋아하죠 ?

　　B :（　　33　　）? 천만에요.

　　① 거기서 멀어요　　　　　② 그렇습니까

　　③ 제가요　　　　　　　　④ 친구하고요

３）A : 앞집 아저씨는 （　　34　　）?

　　B : 일본어를 가르치세요.

　　① 일본어를 어떻게 배울까요　② 어떤 일을 하세요

　　③ 어디에서 공부하세요　　　④ 한국어만 알아요

4）A : 어제 김치를 만들었어요.

　　B : 그래요 ? （　35　）?

　　A : 네. 가지고 오겠습니다.

　　① 소금이 많지 않아요　　② 한번 맛 볼까요

　　③ 시장에서 샀죠　　　　　④ 나빴어요

5）A : 손님, 이름은 여기에 쓰세요.

　　B : 여기요 ? （　36　）

　　A : 아니요. 한글로 쓰세요.

　　① 영어로 쓸까요 ?

　　② 한국어만 쓰세요.

　　③ 이름을 몰라요.

　　④ 중국말을 공부하고 싶어요.

11 対話文を読んで、問いに答えなさい。
（マークシートの37番〜39番を使いなさい）〈2点×3問〉

영　선 : 어제 학교 식당에서 히로시 씨를 봤어요. 수업이었어
　　　　요?

히로시 : 아뇨, 시험만 있었어요. 시험 끝나고 ㊳거기서 커피를
　　　　마셨어요.

영　선 : 그래요? 시험 (　　37　　)?

히로시 : 아뇨, 좀 어려웠어요.

영　선 : 우리 내일 같이 영화 볼까요?

히로시 : 좋아요.

1)（　　37　　）の中に入れるのに適切なものを①〜④の中から1
つ選びなさい。　　　　　　　　　　　　　　　　　　　　37

　　① 잘 봤죠　　　　　　　　② 몇 시까지 봤어요
　　③ 누구하고 마셨어요　　　④ 뭘 시키고 싶어요

2) ㊳거기が指すものを①〜④の中から1つ選びなさい。　　38

　　① 시험　　　② 수업　　　③ 교실　　　④ 학교 식당

〈〈〈筆記

3）対話文の内容と一致するものを①〜④の中から1つ選びなさ
い。 39

　① 二人は昨日一緒に授業を受けた。
　② 二人は今学校の食堂で話している。
　③ 二人は昨日コーヒーを飲みながら話した。
　④ 二人は明日映画を見るつもりだ。

解　答　　　（＊白ヌキ数字が正答番号）

1 発音どおり表記したものを①〜④の中から1つ選びなさい。

1）목요일입니다　→　木曜日です　　　　　　　　　　　[1]

① ［모교이린니다］　　　　② ［목교이림미다］
❸ ［모교이림니다］　　　　④ ［목교이린니다］

2）축구　→　サッカー　　　　　　　　　　　　　　　[2]

① ［추구］　　❷ ［축꾸］　　③ ［충구］　　④ ［축쿠］

3）싫어요　→　嫌です　　　　　　　　　　　　　　　[3]

① ［시허요］　　② ［실러요］　　③ ［시어요］　　❹ ［시러요］

2 次の日本語の意味を正しく表記したものを①〜④の中から1つ選びなさい。

1）ねこ　　　　　　　　　　　　　　　　　　　　　[4]

① 공야기　　② 고야이　　③ 고양기　　❹ 고양이

2）先生　　　　　　　　　　　　　　　5

　① 생생닌　　② 샘샘님　　❸ 선생님　　④ 성샌님

Point 선も생も「ん」に聞こえるため、パッチムが∟なのか○なのか迷いやすい。선생の漢字表記は〈先生〉。∟か○かで迷った時は、日本語の音読みが、「ン」で終わるなら∟を、「イ」や「ウ」で終わるなら○を選ぼう。님は固有語で、一部の名詞について尊敬を表す。선생につく場合はあえて日本語に訳す必要はない。

3）低いです　　　　　　　　　　　　6

　❶ 낮습니다　　② 낟습니다　　③ 낳습니다　　④ 낫습니다

4）もしもし　　　　　　　　　　　　7

　① 여버새요　　❷ 여보세요　　③ 요버새요　　④ 요보세요

3 次の日本語に当たるものを①〜④の中から1つ選びなさい。

1）手　　　　　　　　　　　　　　　8

　① 소　→ 牛　　　　　　② 술　→ 酒
　❸ 손　→ 手　　　　　　④ 새　→ 鳥

解 答

2）音楽 　　　　　　　　　　　　　　　　　　 9

① 올해 　→ 今年 　　　　❷ 음악 　→ 音楽
③ 음식 　→ 食べ物 　　　④ 은행 　→ 銀行

Point ①以外は漢字語で、それぞれ漢字表記は②〈音楽〉、③〈飲食〉④〈銀行〉である。

3）悪いです 　　　　　　　　　　　　　　　　 10

❶ 나빠요 　→ 悪いです 　　② 비싸요 　→ 高いです
③ 늦어요 　→ 遅いです 　　④ 아파요 　→ 痛いです

Point それぞれの辞書形は①나쁘다、②비싸다、③늦다、④아프다である。②と③は正格用言で、①と④は으語幹用言である。

4）よく 　　　　　　　　　　　　　　　　　　 11

❶ 잘 　　 → よく 　　　② 아주 　→ とても
③ 너무 → とても 　　　④ 곤 　　 → すぐ

5）遊びます 　　　　　　　　　　　　　　　　 12

① 지납니다 → 過ぎます 　② 팝니다 → 売ります
③ 찹니다 　→ 冷たいです ❹ 놉니다 → 遊びます

Point それぞれの辞書形は①지나다、②팔다、③차다、④놀다である。②と④のように、語幹がㄹで終わる用言をリウル語幹用言と言い、

－ㅂ니다がつく時は語幹のㄹが脱落する。

4 （　　　　）の中に入れるのに最も適切なものを①～④の中から
1つ選びなさい。

1) 이 책이 （ 　13　 ）예요?

　→ この本は（ 　13　 ）ですか?

　① 누구　→ 誰　　　　　　❷ 얼마　→ いくら
　③ 언제　→ いつ　　　　　④ 무슨　→ どんな

2) 유미 씨도 그 （ 　14　 ）에 다녔어요?

　→ 由美さんもその（ 　14　 ）に通っていましたか?

　① 편지　→ 手紙　　　　　② 친구　→ 友達
　❸ 학교　→ 学校　　　　　④ 취미　→ 趣味

3) 오늘 아침에는 택시를 （ 　15　 ）.

　→ 今朝はタクシーに（ 　15　 ）。

　① 갔어요　　　→ 行きました
　❷ 탔어요　　　→ 乗りました
　③ 마셨어요　　→ 飲みました

解 答

④ 일어났어요 → 起きました

4) 내일은 한 시(16) 수업이 있어요.
　→ 明日は1時(16)授業があります。

① 에서 → ～から【場所】　　② 와 → ～と
③ 과 → ～と　　❹ 부터 → ～から

5) 이 우산을 (17).
　→ この傘を(17)。

❶ 쓰세요 → さしてください
② 웃으세요 → 笑ってください
③ 입으세요 → 着てください
④ 벗으세요 → 脱いでください

Point 「傘をさす」は우산을 쓰다と言う。語彙を覚える時は、「連語」と言われる名詞＋用言のセットで学ぶと効果的である。特に動詞쓰다は「書く」「使う」だけでなく帽子를 쓰다「帽子をかぶる」、안경을 쓰다「メガネをかける」など多様な使われ方をするので、セットで覚えよう。

5 ( )の中に入れるのに最も適切なものを①～④の中から
１つ選びなさい。

1) A：생일이 언제예요？

第49回　解答

B : 이번 주 (　18　)이에요.

→ A : 誕生日はいつですか?
　　 B : 今週の(　18　)です。

❶ 토요일　→ 土曜日　　　② 칠월　　　→ 7月
③ 일곱 살 → 7歳　　　　④ 여섯 명 → 6名

2) A : 거기 날씨가 어떻습니까?
　　 B : 아주 (　19　).

→ A : そこの天気はどうですか?
　　 B : とても(　19　)。

① 어렵습니다 → 難しいです　❷ 춥습니다 → 寒いです
③ 가깝습니다 → 近いです　　④ 잘합니다 → 上手です

Point 誤答率の高かった④잘하다は形容詞ではなく、「(~を)上手にできる」という動詞である。한국말을 잘해요は、「直訳：韓国語を上手にできる」つまり「韓国語が上手だ」という意味である。

3) A : 일본은 이번이 처음이죠?
　　 B : (　20　), 두 번째예요.

→ A : 日本は今回が初めてですよね?
　　 B : (　20　)、2回目です。

① 맞아요　　　→ 合っています

② 그래요　　　→ そうです

❸ 아니에요　　→ 違います(いいえ)

解 答

④ 몰라요　　→ 知りません

4） A：（　21　）나라에서　왔어요？

　　B：중국에서요.

　　→ A：（　21　）国から来ましたか？
　　　　B：中国（から）です。

① 몇　→　いくつ　　　　② 무엇　→　何

③ 또　→　また　　　　❹ 어느　→　どの

Point 相手の出身国をたずねる標準的な言い方である。ある選択肢の中から何かを選ぶとき어느 ～「どの～」を用いる。世界の国々という選択肢の中から一つ選ぶという意味で、어느 나라と表現する。日本語では「どこの国」と言うが、어디 나라や어디의 나라は不自然である。

6 文の意味を変えずに、下線部の言葉と置き換えが可能なものを①～④の中から１つ選びなさい。

1）영어시험은 <u>6시까지입니다</u>.　　　　　22

　　→ 英語の試験は6時までです。

① 6시까지 기다렸습니다　→ 6時まで待っていました

② 6시에 갑니다　　　　　→ 6時に行きます

❸ 6시에 끝납니다　　　　→ 6時に終わります

④ 6시부터 시작됩니다　→ 6時から始まります

2）어제 몸이 <u>안 좋았어요</u>. 　　　　　　　　　23

→ 昨日体(の具合)が<u>良くありませんでした</u>。

① 싫었어요　→　嫌でした

❷ 아팠어요　→　(体の)具合が悪かったです

③ 컸어요　　→　大きかったです

④ 작았어요　→　小さかったです

Point 正答②の辞書形は아프다。この意味は「痛い」及び「(体の)具合が悪い」である。誤答率の高かった①は싫어하다「嫌いだ」という意味である。몸「体」が안 좋았어요「よくなかった」で「(体の)具合が悪い」という意味であるため②が正答となる。

7（　　　）の中に入れるのに適切なものを①〜④の中から1つ選びなさい。

1）냉면（　24　）?

→ 冷麺を（　24　）?

① 시컸어요　→　×

② 시캤어요　→　×

③ 시킀어요　→　×

❹ 시켰어요　→　注文しましたか

Point 해요体を作る際は、語幹末の母音が ㅏ または ㅗ か、それ以外かを確認しよう。시키다「注文する」の語幹は시키-。語幹末母音は ㅣ であ

解 答

る。よって해요体にするには、語幹に－어요をつける→시키어요。この時、ㅣ＋ㅓの音が合わさりㅕとなる→시켜요。形でみるとㅣ＋ㅓがㅐになりそうだが、あくまで音の変化である（イとオを早く言うとヨになる）ことを注意しよう。

2）옆집 아이가 또 （ 25 ）.
　　→ 隣の家の子どもがまた（ 25 ）。

❶ 웁니다　　→ 泣いています　② 울습니다　→ ×
③ 우습니다　→ ×　　　　　　④ 울읍니다　→ ×

Point 울다はリウル語幹用言なので합니다体でㄹが脱落することに注意。つまりパッチムがなくなるので우に－ㅂ니다を合わせ웁니다になる。

3）결혼 （ 26 ）.
　　→ 結婚（ 26 ）。

❶ 축하해요　→ おめでとうございます
② 축하하요　→ ×
③ 축하아요　→ ×
④ 축하어요　→ ×

第49回　解答

8 (　　　)の中に入れるのに適切なものを①〜④の中から１つ選びなさい。

1) 이 구두(27) 저 구두는 값이 같죠?

→ この靴(27)あの靴は価格が同じですよね？

① 만　　→ 〜だけ　　❷ 하고　→ 〜と
③ 보다　→ 〜より　　④ 로　　→ 〜で

Point 誤答率の高かった③보다は、２者を比較する時に用いる。例)이 구두보다 저 구두는 비싸죠?「この靴よりあの靴は高いですよね？」

2) 그 아주머니는 저에게는 어머니(28).

→ あのおばさんは私には母(28)。

① 과 같아요　　→ 〜のようです
② 으로 해요　　→ 〜にします
❸ 와 같아요　　→ 〜のようです
④ 이 아니에요　→ 〜ではありません

Point「〜のようです」は-와/과 같아요を使う。前に来る名詞の語末によって와か과を選ぶところで注意が必要。어머니のように語末パッチムが無い場合は와を選ぼう。

3) A : 우리 언제 (29)

B : 내일이 어때요?

→ A : 私たちいつ(29)

解　答

B：明日はどうですか？

① 만나세요？　　→ お会いになりますか？
② 만납니다만.　　→ 会いますが。
③ 만났습니다.　　→ 会いました。
❹ 만날까요？　　→ 会いましょうか？

9 次の場面や状況において最も適切なあいさつやあいづちなど
の言葉を①～④の中から１つ選びなさい。

1）初めて会った人にあいさつするとき。　　　　　30

❶ 처음 뵙겠습니다.　　→ はじめまして。
② 어서 오세요.　　　→ いらっしゃいませ。
③ 실례합니다.　　　　→ 失礼します。
④ 안녕히 가세요.　　→ さようなら。

2）許可を求めている人に対して、構わないと言うとき。　　31

① 그렇습니다.　　→ そうです。
② 반가워요.　　　→ （会えて）うれしいです。
③ 잠깐만요.　　　→ 少々お待ちください。
❹ 괜찮아요.　　　→ 大丈夫です。

第49回　解答

10 対話文を完成させるのに最も適切なものを①～④の中から1
つ選びなさい。

1）A :（ 　32　 ）
　　B : 안경과 교과서요.
　　→ A :（ 　32　 ）
　　　　B : 眼鏡と教科書です。

　　① 이 책 어디에 놓을까요 ?
　　　　→ この本どこに置きましょうか?
　　② 우리 남편은 눈이 안 좋아요.
　　　　→ うちの主人は目が悪いです。
　　❸ 가방에 무엇을 넣었어요 ?
　　　　→ かばんに何を入れましたか?
　　④ 내일까지 읽고 싶어요.
　　　　→ 明日まで読みたいです。

2）A : 미나 씨, 철수 씨 좋아하죠 ?
　　B :（ 　33　 ）? 천만에요.
　　→ A : ミナさん、チョルスさんのこと好きですよね?
　　　　B :（ 　33　 ）?　とんでもない。

　　① 거기서 멀어요　→ そこから遠いですか
　　② 그렇습니까　　　→ そうですか
　　❸ 제가요　　　　　→ 私がですか

解　答

④ 친구하고요　　→ 友達とですか

Point 철수 씨 좋아하죠?というAの問いに対しBが否定する場面である。Bは、「私がチョルスさんのことが好きですって?」と言う意味で「私がですか?」と聞き返している。この時、제가?ではぞんざいな言葉になってしまうので、－요をつけることで、丁寧になる。－요は、体言(名詞、代名詞、数詞)や副詞、助詞、語尾などの後ろにつく。「チョルスさんをですか?」と聞き返したければ、철수 씨를요?と言う。詳しくは、『「ハングル」検定公式テキストペウギ5級』で解説している。

3) A : 앞집 아저씨는 (　34　)?

　B : 일본어를 가르치세요.

　→ A : 向かいの家のおじさんは(　34　)?

　　 B : 日本語を教えています。

① 일본어를 어떻게 배울까요

　　→ 日本語をどうやって学びましょうか

❷ 어떤 일을 하세요

　　→ どんな仕事をなさっていますか

③ 어디에서 공부하세요

　　→ どこで勉強なさっていますか

④ 한국어만 알아요

　　→ 韓国語だけ分かりますか

Point Bの일본어를 가르치세요「日本語を教えています」に合う質問文を選ぶ問題。なので②の「どんな仕事をなさっていますか?」が正答となる。

4 ）A：어제 김치를 만들었어요.

　　B：그래요? (35)?

　　A：네. 가지고 오겠습니다.

→ A：昨日キムチを作りました。
　 B：そうですか? (35)?
　 A：はい、持ってきます。

① 소금이 많지 않아요　→ 塩が多くないですか

❷ 한번 맛 볼까요　　　→ 一度味見しましょうか

③ 시장에서 샀죠　　　→ 市場で買いましたよね

④ 나빴어요　　　　　　→ 悪かったですか

Point 맛을 보다は「味見する」という連語。キムチを作ったAが、最後に가지고 오겠습니다「持ってきます」と言っているのでキムチが目の前にあるわけではない。

5 ）A：손님, 이름은 여기에 쓰세요.

　　B：여기요? (36)

　　A：아니요. 한글로 쓰세요.

→ A：お客さん、名前をここに書いてください。
　 B：ここですか? (36)
　 A：いいえ。ハングルで書いてください。

❶ 영어로 쓸까요?　　　　　→ 英語で書きましょうか?

② 한국어만 쓰세요.　　　　→ 韓国語だけ書いてください。

③ 이름을 몰라요.　　　　　→ 名前を知りません。

④ 중국말을 공부하고 싶어요.　→ 中国語を勉強したいです。

解　答

11 対話文を読んで、問いに答えなさい。

영　선 : 어제 학교 식당에서 히로시 씨를 봤어요. 수업이었어
요?

히로시 : 아뇨, 시험만 있었어요. 시험 끝나고 ㊳거기서 커피를
마셨어요.

영　선 : 그래요? 시험 (⎣ 37 ⎦)?

히로시 : 아뇨, 좀 어려웠어요.

영　선 : 우리 내일 같이 영화 볼까요?

히로시 : 좋아요.

→ ヨンソン : 昨日学校の食堂でヒロシさんを見ました。授業でしたか？
　ヒ　ロ　シ : いいえ、試験だけありました。試験が終わって㊳そこでコー
　　　　　　　 ヒーを飲みました。
　ヨンソン : そうですか？　試験(⎣ 37 ⎦)?
　ヒ　ロ　シ : いいえ、ちょっと難しかったです。
　ヨンソン : 私たち明日一緒に映画を見ましょうか？
　ヒ　ロ　シ : いいですよ。

1) (⎣ 37 ⎦)の中に入れるのに適切なものを①〜④の中から1
つ選びなさい。　　　　　　　　　　　　　　　　　　　⎣ 37 ⎦

❶ 잘 봤죠　　　　　　 → よくできたでしょ

② 몇 시까지 봤어요　 → 何時まで見ましたか

③ 누구하고 마셨어요　→ 誰と飲みましたか

④ 뭘 시키고 싶어요　 → 何を注文したいですか

2）38거기が指すものを①〜④の中から1つ選びなさい。　38

① 시험　→　試験　　　　② 수업　　　→　授業
③ 교실　→　教室　　　❹ 학교 식당　→　学校の食堂

3）対話文の内容と一致するものを①〜④の中から1つ選びなさい。　39

① 二人は昨日一緒に授業を受けた。
② 二人は今学校の食堂で話している。
③ 二人は昨日コーヒーを飲みながら話した。
❹ 二人は明日映画を見るつもりだ。

2017年秋季第49回
「ハングル」能力検定試験

5級

聞取問題

（30分）

（試験時はマークシートですが、下の表を使いCDを聞きながら実際に解いてみましょう）

問題	設問	CDトラック	解答番号（マークシート）	マークシートチェック欄			
1	1)	32	1	［1］	［2］	［3］	［4］
	2)	33	2	［1］	［2］	［3］	［4］
	3)	34	3	［1］	［2］	［3］	［4］
2	1)	36	4	［1］	［2］	［3］	［4］
	2)	37	5	［1］	［2］	［3］	［4］
	3)	38	6	［1］	［2］	［3］	［4］
3	1)	40	7	［1］	［2］	［3］	［4］
	2)	41	8	［1］	［2］	［3］	［4］
4	1)	43	9	［1］	［2］	［3］	［4］
	2)	44	10	［1］	［2］	［3］	［4］
5	1)	46	11	［1］	［2］	［3］	［4］
	2)	47	12	［1］	［2］	［3］	［4］
6	1)	49	13	［1］	［2］	［3］	［4］
	2)	50	14	［1］	［2］	［3］	［4］
	3)	51	15	［1］	［2］	［3］	［4］
7	1)	53	16	［1］	［2］	［3］	［4］
	2)	54	17	［1］	［2］	［3］	［4］
	3)	55	18	［1］	［2］	［3］	［4］
8	質問1	57	19	［1］	［2］	［3］	［4］
	質問2	58	20	［1］	［2］	［3］	［4］

1

解答はマークシートの１番～３番にマークしてください。

〈２点×３問〉

◎トラック32

１）어젯밤에 (＿＿＿＿＿＿＿＿＿＿＿＿＿＿＿＿)을 먹었어요.　　　1

① 반　　　　② 빵　　　　③ 밥　　　　④ 밤

◎トラック33

２）그분을 잘 (＿＿＿＿＿＿＿＿＿＿＿＿＿＿＿＿＿)?　　　2

① 알아요　　② 앉아요　　③ 있어요　　④ 나와요

◎トラック34

３）오늘이 (＿＿＿＿＿＿＿＿＿＿＿＿＿＿＿＿)입니까?　　　3

① 월요일　　② 화요일　　③ 일요일　　④ 금요일

2 解答はマークシートの４番～６番にマークしてください。

〈２点×３問〉

◎トラック36

1）（　　　　）번 버스를 타고 오세요.　　　　　　　4

　　① 25　　　　② 30　　　　③ 45　　　　④ 50

◎トラック37

2）우리 딸은 （　　　　）살이에요.　　　　　　　5

　　① 6　　　　② 10　　　　③ 8　　　　④ 7

◎トラック38

3）이 학교는 학생이 모두 （　　　　）명이에요.　　6

　　① 400　　　　② 100　　　　③ 200　　　　④ 900

問　題

3 解答はマークシートの7番と8番にマークしてください。
（空欄はメモをする場合にお使いください）〈2点×2問〉

◎トラック40

1） --

【質問】 -- ⬚ 7

問 題

◎トラック41

2）＿＿＿＿＿＿＿＿＿＿＿＿＿＿＿＿＿＿＿＿＿＿＿＿＿

　　＿＿＿＿＿＿＿＿＿＿＿＿＿＿＿＿＿＿＿＿＿＿＿＿＿

　　＿＿＿＿＿＿＿＿＿＿＿＿＿＿＿＿＿＿＿＿＿＿＿＿＿

【質問】＿＿＿＿＿＿＿＿＿＿＿＿＿＿＿＿＿＿＿＿　8

4 解答はマークシートの 9 番と10番にマークしてください。
（空欄はメモをする場合にお使いください）〈2点×2問〉

◎トラック43

1) -- 　9

① 운동해요.　　　　② 결혼해요.
③ 가족이에요.　　　④ 커피요.

◎トラック44

2) -- 　10

① 네, 알겠어요.　　　② 아니요, 선생님이죠.
③ 아니요, 여기예요.　④ 네, 맞아요.

第49回

問 題

5 解答はマークシートの11番と12番にマークしてください。
（空欄はメモをする場合にお使いください）〈2点×2問〉

1）男：어서 오세요. 몇 분이세요?
　　女：（　　　　11　　　　）.

◎トラック46

　　①_____
　　②_____
　　③_____
　　④_____

2）男：거기서 역까지 멀어요?
　　女：（　　　　12　　　　）.

◎トラック47

　　①_____
　　②_____
　　③_____
　　④_____

6 解答はマークシートの13番～15番にマークしてください。
（空欄はメモをする場合にお使いください）〈2点×3問〉

◎トラック49

1）－－－－－－－－－－－－－－－－－－－－－－－－－－－－－－－－－－　13

　　① チケット一枚ください。
　　② スープ一杯ください。
　　③ 切手一枚ください。
　　④ 牛乳一杯ください。

◎トラック50

2）－－－－－－－－－－－－－－－－－－－－－－－－－－－－－－－－－－　14

　　① 男子トイレは何ヶ所ありますか。
　　② 男子トイレは6階にありますか。
　　③ 女子トイレは何階にありますか。
　　④ 女子トイレはこの階にありますか。

◎トラック51

3) --- ☐ 15

① 外は雪がやんでいます。

② 朴さんのお姉さんが来ます。

③ 朴さんは目がとても悪いです。

④ 外は雪がたくさん降っています。

7 解答はマークシートの16番〜18番にマークしてください。
（空欄はメモをする場合にお使いください）〈2点×3問〉

◎トラック53

1）女：- -
　　男：- 16

① 女性は久しぶりに日本に来た。
② 男性は昨年日本に滞在していた。
③ 男性は来年日本へ行くつもりだ。
④ 二人は久しぶりに日本で会った。

◎トラック54

2）男：- -
　　女：- -
　　　　- 17

① 男性はバスに乗った。
② 女性はタクシーに乗りたがっている。
③ 二人は急いでバス停に向かっている。
④ 二人は違う場所に向かうことにした。

◎トラック55

3) 男：--

女：-- 18

① 二人とも音楽が好きだ。

② 二人の趣味は違う。

③ 男性は女性をコンサートに誘っている。

④ 女性は音楽が嫌いだ。

問 題

8 解答はマークシートの19番と20番にマークしてください。
（空欄はメモをする場合にお使いください）〈2点×2問〉

◎トラック57・58

女：＿＿＿＿＿＿＿＿＿＿＿＿＿＿＿＿＿＿＿＿＿＿＿＿＿

男：＿＿＿＿＿＿＿＿＿＿＿＿＿＿＿＿＿＿＿＿＿＿＿＿＿

女：＿＿＿＿＿＿＿＿＿＿＿＿＿＿＿＿＿＿＿＿＿＿＿＿＿

＿＿＿＿＿＿＿＿＿＿＿＿＿＿＿＿＿＿＿＿＿＿＿

男：＿＿＿＿＿＿＿＿＿＿＿＿＿＿＿＿＿＿＿＿＿＿＿＿＿

【質問1】 ＿＿＿＿＿＿＿＿＿＿＿＿＿＿＿＿＿＿＿＿ 19

① 옷　　　　② 돈　　　　③ 생선　　　④ 신발

【質問2】 ＿＿＿＿＿＿＿＿＿＿＿＿＿＿＿＿＿＿＿＿ 20

① 가게　　　② 우체국　　③ 은행　　　④ 집

第49回

解 答　　　　（＊白ヌキ数字が正答番号）

これから5級の聞きとりテストを行います。選択肢①〜④の中から解答を1つ選び、マークシートの指定された欄にマークしてください。どの問題もメモをする場合は問題冊子の空欄にしてください。マークシートにメモをしてはいけません。では始めます。

1 短い文を2回読みます。（　　　　）の中に入れるのに適切なものを①〜④の中から1つ選んでください。解答はマークシートの1番〜3番にマークしてください。次の問題に移るまでの時間は15秒です。では始めます。

1) 어젯밤에 （　　　　）을 먹었어요.　　　　　　　　　　 1
→ 昨晩パンを食べました。

① 반　→ 半分　　　　　　　　　❷ 빵　→ パン
③ 밥　→ ご飯　　　　　　　　　④ 밤　→ 夜

2) 그분을 잘 （　　　　）?　　　　　　　　　　　　　　　 2
→ その方をよく知っていますか？

❶ 알아요　→ 知っていますか　② 앉아요　→ 座りますか
③ 있어요　→ ありますか　　　④ 나와요　→ 出てきますか

3) 오늘이 （　　　　）입니까?　　　　　　　　　　　　　 3
→ 今日は金曜日ですか？

解　答

① 월요일　→ 月曜日　　② 화요일　→ 火曜日
③ 일요일　→ 日曜日　　❹ 금요일　→ 金曜日

2 短い文を2回読みます。(　　)の中に入れるのに適切なものを①～④の中から1つ選んでください。解答はマークシートの4番～6番にマークしてください。次の問題に移るまでの時間は20秒です。では始めます。

1) (이십오) 번 버스를 타고 오세요.　　　　　4

→ 25番バスに乗って来てください。

❶ 25　　　② 30　　　③ 45　　　④ 50

2) 우리 딸은 (열) 살이에요.　　　　　5

→ うちの娘は10才です。

① 6　　　❷ 10　　　③ 8　　　④ 7

Point 固有数詞を聞きとる問題。漢数詞に比べると正答率が落ちる。①は여섯 살、②는열 살、③은여덟 살、④는일곱 살という。

3) 이 학교는 학생이 모두 (이백) 명이에요.　　　6

→ この学校は学生が全部で200名です。

第49回　解答

① 400　　　② 100　　　❸ 200　　　④ 900

3 文章と質問文を2回読みます。【質問】に対する答えとして適切な絵を①〜④の中から1つ選んでください。解答はマークシートの7番と8番にマークしてください。次の問題に移るまでの時間は30秒です。では始めます。

1) 어제 딸하고 같이 여행을 왔습니다. 여기는 날씨가 덥습니다. 우리는 바다에서 놀았습니다.

　　→ 昨日娘と一緒に旅行に来ました。ここは(天気が)暑いです。私たちは海で遊びました。

【質問】　우리는 몇 번입니까?　　　　　　　　7

　　　　→ 私たちは何番ですか?

解　答

2）우리 형은 안경을 썼어요. 누나는 머리가 길어요. 누나 옆에 남동생이 있어요. 저는 남동생보다 키가 작아요.

→ うちの兄は眼鏡をかけています。姉は髪が長いです。姉の横に弟がいます。私は弟より背が低いです。

【質問】　저는 몇 번입니까?　　　　　8

→ 私は何番ですか?

Point　本文1行目의안경을 썼어요는、過去形の形をしているが、今眼鏡をかけているという意味である。「(帽子を)かぶる」、「(マスクを)つける」、「(眼鏡を)かける」という動詞쓰다、「(衣服を)着る」「(衣服を)履く」という입다、「(履き物や靴下を)履く」という신다などは、「(〜を)身に着けた状態である」ことを過去形で表現することができる。

第49回　解答

4 問いかけの文を2回読みます。応答文として最も適切なもの
を①〜④の中から1つ選んでください。解答はマークシート
の9番と10番にマークしてください。次の問題に移るまでの
時間は40秒です。では始めます。

1) 뭘 시킬까요?　　　　　　　　　　　　　　　　 9
　　→ 何を注文しましょうか？

　① 운동해요.　　→ 運動します。
　② 결혼해요.　　→ 結婚します。
　③ 가족이에요.　→ 家族です。
　❹ 커피요.　　　→ コーヒーです。

Point 시킬까요?の辞書形은시키다である。正答の④の커피についた−요
は、表現を丁寧にする役割を果たす。커피는 어때요?「コーヒーは
どうですか?」や커피를 마시고 싶어요「コーヒーが飲みたいです」
などの完全な文章で答えずに、커피だけを言うと、ぞんざいな言葉
遣いになってしまう。−요は、体言(名詞、代名詞、数詞)や副詞、助詞、
語尾などの後ろにつく。詳しくは、『「ハングル」検定公式テキストペ
ウギ5級』で解説している。

2) 저기, 김유진 선생님이죠?　　　　　　　　　　 10
　　→ あの、キムユジン先生でしょ?

　① 네, 알겠어요.　　　→ はい、分かりました。
　② 아니요, 선생님이죠.　→ いいえ、先生ですよ。

116

解 答

③ 아니요, 여기예요.　　→ いいえ、ここです。

❹ 네, 맞아요.　　　　　→ はい、そうです。

Point 相手の問いが合っていることを述べたい時は④の맞아요.を使用する。辞書形は맞다で、「合う」という意味である。

---

5 ①～④の選択肢を2回ずつ読みます。話しかけに対する応答として最も適切なものを1つ選んでください。解答はマークシートの11番と12番にマークしてください。次の問題に移るまでの時間は40秒です。では始めます。

1）男 : 어서 오세요. 몇 분이세요?

　　　→ いらっしゃいませ。何名様ですか?

　女 : (　11　).

❶ 다섯 명이에요　→ 5名です

② 다섯 개 주세요　→ 5個ください

③ 다섯 살이에요　→ 5歳です

④ 다섯 마리예요　→ 5匹です

Point 全ての選択肢の数字は다섯「5」である。몇 분이세요の분は、人の尊敬語で「方」という意味。店員は客に対して몇 명이에요?や몇 사람이에요?「何人ですか?」ではなく、몇 분이세요?「何名様ですか?」と言うのが普通である。

2) 男 : 거기서 역까지 멀어요?

　　　→ そこから駅まで遠いですか?

　女 : (　　12　　).

① 너무 비싸요　　→ とても高いです

❷ 가깝습니다　　→ 近いです

③ 여기가 아니죠　→ ここではないですよ

④ 천천히 가요　　→ ゆっくり行きます

Point 거기서の-서は、-에서の縮約形である。特に、여기、거기、저기、어디につく時は縮約形になることが多い。

6 短い文を2回読みます。各文の日本語訳として適切なものを①～④の中から1つ選んでください。解答はマークシートの13番～15番にマークしてください。次の問題に移るまでの時間は40秒です。では始めます。

1) 우표 한 장 주세요.　　　　　　　　　13

① チケット一枚ください。

② スープ一杯ください。

❸ 切手一枚ください。

④ 牛乳一杯ください。

解 答

2）여자 화장실은 몇 층에 있어요 ?　　　　　　　　| 14 |

① 男子トイレは何ヶ所ありますか。
② 男子トイレは6階にありますか。
❸ 女子トイレは何階にありますか。
④ 女子トイレはこの階にありますか。

3）밖에 눈이 많이 와요.　　　　　　　　　　　　| 15 |

① 外は雪がやんでいます。
② 朴さんのお姉さんが来ます。
③ 朴さんは目がとても悪いです。
❹ 外は雪がたくさん降っています。

7 対話文を2回読みます。その内容と一致するものを①〜④の中から1つ選んでください。解答はマークシートの16番〜18番にマークしてください。次の問題に移るまでの時間は45秒です。では始めます。

1）女 : 언제 일본에서 왔어요 ?
　　男 : 작년 봄에 왔어요.　　　　　　　　　　　　| 16 |
　→ 女 : いつ日本から来ましたか？
　　　男 : 昨年の春に来ました。

① 女性は久しぶりに日本に来た。

❷ 男性は昨年日本に滞在していた。

③ 男性は来年日本へ行くつもりだ。

④ 二人は久しぶりに日本で会った。

Point 男女の対話を聞くと、昨年の春に男性は日本から来たということになるため、それ以前には日本に滞在していた②が正答である。

2）男：여기서 버스를 탈까요?

女：아니요, 시간이 없어요. 택시가 좋아요.　　　17

→ 男：ここからバスに乗りましょうか？
　　女：いいえ、時間がありません。タクシーが良いです。

① 男性はバスに乗った。

❷ 女性はタクシーに乗りたがっている。

③ 二人は急いでバス停に向かっている。

④ 二人は違う場所に向かうことにした。

3）男：저는 음악을 아주 좋아해요. 미나 씨는요?

女：저도요.　　　18

→ 男：私は音楽がとても好きです。ミナさんは？
　　女：私もです。

❶ 二人とも音楽が好きだ。

② 二人の趣味は違う。

③ 男性は女性をコンサートに誘っている。

解　答

④ 女性は音楽が嫌いだ。

Point 大問④の1)で解説した－요が저도についている。저도 좋아해요「私も好きです」という文章の代わりに、核心となる部分저도＋요で答えている。

⑧ 対話文と質問文をセットにして読みます。質問は２つあり、対話と【質問１】、対話と【質問２】の形で読みます。【質問】に対する答えとして適切なものを①〜④の中から１つ選んでください。解答はマークシートの19番と20番にマークしてください。それぞれの問題を解く時間は45秒です。では始めます。

女 : 이 치마하고 바지 주세요.

男 : 네, 감사합니다.

女 : 아, 돈을 안 가지고 왔어요. 은행이 어디 있죠?

男 : 저기 우체국 뒤에 있습니다.

→ 女 : このスカートとズボンください。
　　男 : はい、ありがとうございます。
　　女 : あっ、お金を持って来ませんでした。銀行はどこにありますか？
　　男 : あそこの郵便局の裏にあります。

【質問１】　여기는 무엇을 팝니까?　　　　　　　　　19

　　　→ ここは何を売っていますか？

❶ 옷　　→ 服　　　　② 돈　→ お金

③ 생선　→ 魚　　　　　④ 신발　→ 靴

Point 最初の発言を聞くと、女性はスカートとズボンを買いに来ているため①が正答。質問文の팝니까はリウル語幹用言で、基本形は팔다である。

【質問2】　여자는 지금부터 어디에 갑니까?　　　　20
　　　→ 女性は今からどこに行きますか?

① 가게　→ 店　　　　　② 우체국　→ 郵便局
❸ 은행　→ 銀行　　　　④ 집　　　→ 家

5級筆記　正答と配点

●60点満点

問題	設問	マークシート番号	正答	配点
1	1)	1	3	1
	2)	2	2	1
	3)	3	4	1
2	1)	4	4	1
	2)	5	3	1
	3)	6	1	1
	4)	7	2	1
3	1)	8	3	1
	2)	9	2	1
	3)	10	1	1
	4)	11	1	1
	5)	12	4	1
4	1)	13	2	2
	2)	14	3	2
	3)	15	2	2
	4)	16	4	2
	5)	17	1	2
5	1)	18	1	2
	2)	19	2	2
	3)	20	3	2
	4)	21	4	2

問題	設問	マークシート番号	正答	配点
6	1)	22	3	2
	2)	23	2	2
7	1)	24	4	1
	2)	25	1	1
	3)	26	1	1
8	1)	27	2	1
	2)	28	3	1
	3)	29	4	1
9	1)	30	1	2
	2)	31	4	2
10	1)	32	3	2
	2)	33	3	2
	3)	34	2	2
	4)	35	2	2
	5)	36	1	2
11	1)	37	1	2
	2)	38	4	2
	3)	39	4	2

５級聞きとり 正答と配点

●40点満点

問題	設問	マークシート番号	正　答	配　点
1	1)	1	2	2
	2)	2	1	2
	3)	3	4	2
2	1)	4	1	2
	2)	5	2	2
	3)	6	3	2
3	1)	7	4	2
	2)	8	2	2
4	1)	9	4	2
	2)	10	4	2
5	1)	11	1	2
	2)	12	2	2
6	1)	13	3	2
	2)	14	3	2
	3)	15	4	2
7	1)	16	2	2
	2)	17	2	2
	3)	18	1	2
8	質問1	19	1	2
	質問2	20	3	2

第49回

正答と配点

반절표(反切表)

母音 子音	【1】ㅏ [a]	【2】ㅑ [ja]	【3】ㅓ [ɔ]	【4】ㅕ [jɔ]	【5】ㅗ [o]	【6】ㅛ [jo]	【7】ㅜ [u]	【8】ㅠ [ju]	【9】ㅡ [ɯ]	【10】ㅣ [i]
【1】 ㄱ [k/g]	가	갸	거	겨	고	교	구	규	그	기
【2】 ㄴ [n]	나	냐	너	녀	노	뇨	누	뉴	느	니
【3】 ㄷ [t/d]	다	댜	더	뎌	도	됴	두	듀	드	디
【4】 ㄹ [r/l]	라	랴	러	려	로	료	루	류	르	리
【5】 ㅁ [m]	마	먀	머	며	모	묘	무	뮤	므	미
【6】 ㅂ [p/b]	바	뱌	버	벼	보	뵤	부	뷰	브	비
【7】 ㅅ [s/ʃ]	사	샤	서	셔	소	쇼	수	슈	스	시
【8】 ㅇ [無音/ŋ]	아	야	어	여	오	요	우	유	으	이
【9】 ㅈ [tʃ/dʒ]	자	쟈	저	져	조	죠	주	쥬	즈	지
【10】 ㅊ [tʃʰ]	차	챠	처	쳐	초	쵸	추	츄	츠	치
【11】 ㅋ [kʰ]	카	캬	커	켜	코	쿄	쿠	큐	크	키
【12】 ㅌ [tʰ]	타	탸	터	텨	토	툐	투	튜	트	티
【13】 ㅍ [pʰ]	파	퍄	퍼	펴	포	표	푸	퓨	프	피
【14】 ㅎ [h]	하	햐	허	혀	호	효	후	휴	흐	히
【15】 ㄲ [ʔk]	까	꺄	꺼	껴	꼬	꾜	꾸	뀨	끄	끼
【16】 ㄸ [ʔt]	따	땨	떠	뗘	또	뚀	뚜	뜌	뜨	띠
【17】 ㅃ [ʔp]	빠	뺘	뻐	뼈	뽀	뾰	뿌	쀼	쁘	삐
【18】 ㅆ [ʔs]	싸	쌰	써	쎠	쏘	쑈	쑤	쓔	쓰	씨
【19】 ㅉ [ʔtʃ]	짜	쨔	쩌	쪄	쪼	쬬	쭈	쮸	쯔	찌

【11】	【12】	【13】	【14】	【15】	【16】	【17】	【18】	【19】	【20】	【21】
ㅐ[ɛ]	ㅒ[jɛ]	ㅔ[e]	ㅖ[je]	ㅘ[wa]	ㅙ[wɛ]	ㅚ[we]	ㅝ[wɔ]	ㅞ[we]	ㅟ[wi]	ㅢ[ɯi]
개	걔	게	계	과	괘	괴	궈	궤	귀	긔
내	냬	네	녜	놔	놰	뇌	눠	눼	뉘	늬
대	댸	데	뎨	돠	돼	되	둬	뒈	뒤	듸
래	럐	레	례	롸	뢔	뢰	뤄	뤠	뤼	릐
매	먜	메	몌	뫄	뫠	뫼	뭐	뭬	뮈	믜
배	뱨	베	볘	봐	봬	뵈	붜	붸	뷔	븨
새	섀	세	셰	솨	쇄	쇠	숴	쉐	쉬	싀
애	얘	에	예	와	왜	외	워	웨	위	의
재	쟤	제	졔	좌	좨	죄	줘	줴	쥐	즤
채	챼	체	쳬	촤	쵀	최	춰	췌	취	츼
캐	컈	케	켸	콰	쾌	쾨	쿼	퀘	퀴	킈
태	턔	테	톄	톼	퇘	퇴	퉈	퉤	튀	틔
패	퍠	페	폐	퐈	퐤	푀	풔	풰	퓌	픠
해	햬	헤	혜	화	홰	회	훠	훼	휘	희
깨	꺠	께	꼐	꽈	꽤	꾀	꿔	꿰	뀌	끠
때	떄	떼	뗴	똬	뙈	뙤	뚸	뛔	뛰	띄
빼	뺴	뻬	뼤	뽜	뽸	뾔	뿨	쀄	쀠	쁴
쌔	썌	쎄	쎼	쏴	쐐	쐬	쒀	쒜	쒸	씌
째	쨰	쩨	쪠	쫘	쫴	쬐	쭤	쮀	쮜	쯰

かな文字のハングル表記
（大韓民国方式）

【かな】	【ハングル】									
	＜語頭＞					＜語中＞				
あいうえお	아	이	우	에	오	아	이	우	에	오
かきくけこ	가	기	구	게	고	카	키	쿠	케	코
さしすせそ	사	시	스	세	소	사	시	스	세	소
たちつてと	다	지	쓰	데	도	타	치	쓰	테	토
なにぬねの	나	니	누	네	노	나	니	누	네	노
はひふへほ	하	히	후	헤	호	하	히	후	헤	호
まみむめも	마	미	무	메	모	마	미	무	메	모
や　ゆ　よ	야		유		요	야		유		요
らりるれろ	라	리	루	레	로	라	리	루	레	로
わ　　　を	와				오	와				오
がぎぐげご	가	기	구	게	고	가	기	구	게	고
ざじずぜぞ	자	지	즈	제	조	자	지	즈	제	조
だぢづでど	다	지	즈	데	도	다	지	즈	데	도
ばびぶべぼ	바	비	부	베	보	바	비	부	베	보
ぱぴぷぺぽ	파	피	푸	페	포	파	피	푸	페	포
きゃきゅきょ	갸		규		교	캬		큐		쿄
しゃしゅしょ	샤		슈		쇼	샤		슈		쇼
ちゃちゅちょ	자		주		조	차		추		초
にゃにゅにょ	냐		뉴		뇨	냐		뉴		뇨
ひゃひゅひょ	햐		휴		효	햐		휴		효
みゃみゅみょ	먀		뮤		묘	먀		뮤		묘
りゃりゅりょ	랴		류		료	랴		류		료
ぎゃぎゅぎょ	갸		규		교	갸		규		교
じゃじゅじょ	자		주		조	자		주		조
びゃびゅびょ	뱌		뷰		뵤	뱌		뷰		뵤
ぴゃぴゅぴょ	퍄		퓨		표	퍄		퓨		표

撥音の「ん」と促音の「っ」はそれぞれパッチムのㄴ、ㅅで表す。
長母音は表記しない。タ行、ザ行、ダ行に注意。

かな文字のハングル表記
（朝鮮民主主義人民共和国方式）

【かな】	【ハングル】									
	<語頭>					<語中>				
あ い う え お	아	이	우	에	오	아	이	우	에	오
か き く け こ	가	기	구	게	고	까	끼	꾸	께	꼬
さ し す せ そ	사	시	스	세	소	사	시	스	세	소
た ち つ て と	다	지	쯔	데	도	따	찌	쯔	떼	또
な に ぬ ね の	나	니	누	네	노	나	니	누	네	노
は ひ ふ へ ほ	하	히	후	헤	호	하	히	후	헤	호
ま み む め も	마	미	무	메	모	마	미	무	메	모
や ゆ よ	야		유		요	야		유		요
ら り る れ ろ	라	리	루	레	로	라	리	루	레	로
わ を	와				오	와				오
が ぎ ぐ げ ご	가	기	구	게	고	가	기	구	게	고
ざ じ ず ぜ ぞ	자	지	즈	제	조	자	지	즈	제	조
だ ぢ づ で ど	다	지	즈	데	도	다	지	즈	데	도
ば び ぶ べ ぼ	바	비	부	베	보	바	비	부	베	보
ぱ ぴ ぷ ぺ ぽ	빠	삐	뿌	뻬	뽀	빠	삐	뿌	뻬	뽀
きゃ きゅ きょ	갸		규		교	꺄		뀨		꾜
しゃ しゅ しょ	샤		슈		쇼	샤		슈		쇼
ちゃ ちゅ ちょ	쟈		쥬		죠	짜		쮸		쬬
にゃ にゅ にょ	냐		뉴		뇨	냐		뉴		뇨
ひゃ ひゅ ひょ	햐		휴		효	햐		휴		효
みゃ みゅ みょ	먀		뮤		묘	먀		뮤		묘
りゃ りゅ りょ	랴		류		료	랴		류		료
ぎゃ ぎゅ ぎょ	갸		규		교	갸		규		교
じゃ じゅ じょ	쟈		쥬		죠	쟈		쥬		죠
びゃ びゅ びょ	뱌		뷰		뵤	뱌		뷰		뵤
ぴゃ ぴゅ ぴょ	뺘		쀼		뾰	뺘		쀼		뾰

撥音の「ん」は語末と母音の前では○パッチム、それ以外ではㄴパッチムで表す。
促音の「っ」は、か行の前ではㄱパッチム、それ以外ではㅅパッチムで表す。
長母音は表記しない。タ行、ザ行、ダ行に注意。

2018年第50回 春から、「ハン検」がより受験しやすく！

　　ハン検公式ガイド「合格トウミ」の出題範囲、各級レベルはそのままに、ハン検が更に受けやすい検定へと変わります。

　　主に、①試験実施時間と、②問題数 (※一部出題形式含む) が変更されます。

※聞きとりから開始し、休憩がなくなります。

※試験実施時間の詳細及び新しい出題形式については、協会ホームページをご確認ください。

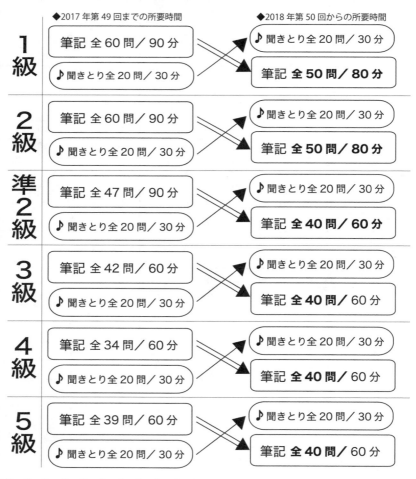

1級
◆2017年第49回までの所要時間
筆記 全60問／90分
♪聞きとり全20問／30分

◆2018年第50回からの所要時間
♪聞きとり全20問／30分
筆記 全50問／80分

2級
筆記 全60問／90分
♪聞きとり全20問／30分

♪聞きとり全20問／30分
筆記 全50問／80分

準2級
筆記 全47問／90分
♪聞きとり全20問／30分

♪聞きとり全20問／30分
筆記 全40問／60分

3級
筆記 全42問／60分
♪聞きとり全20問／30分

♪聞きとり全20問／30分
筆記 全40問／60分

4級
筆記 全34問／60分
♪聞きとり全20問／30分

♪聞きとり全20問／30分
筆記 全40問／60分

5級
筆記 全39問／60分
♪聞きとり全20問／30分

♪聞きとり全20問／30分
筆記 全40問／60分

「ハングル」能力検定試験

資　料

2017年春季　第48回検定試験状況

●試験の配点と平均点・最高点

級	配点（100点満点中）			全国平均点			全国最高点		
	筆記	聞・書	合格点（以上）	筆記	聞・書	合計	筆記	聞・書	総合
1級	60	40	70	32	21	53	49	34	76
2級	60	40	70	30	23	53	54	40	89
準2級	60	40	70	40	29	69	60	40	100
3級	60	40	60	33	23	56	60	40	98
4級	60	40	60	42	34	76	60	40	100
5級	60	40	60	45	34	79	60	40	100

●出願者・受験者・合格者数など

	出願者数（人）	受験者数（人）	合格者数（人）	合格率	累計（1回〜48回）		
					出願者数	受験者数	合格者数
1級	84	72	10	13.9%	4,283	3,914	445
2級	426	383	42	11.0%	21,984	19,710	2,637
準2級	946	853	442	51.8%	52,290	47,301	15,268
3級	2,334	2,086	1,000	47.9%	94,711	84,551	44,252
4級	2,488	2,173	1,856	85.4%	112,761	100,354	72,862
5級	2,251	1,920	1,674	87.2%	101,144	90,152	72,329
合計	8,529	7,487	5,024	67.1%	388,116	346,854	207,879

※累計の各合計数には第18回〜第25回までの準1級出願者、受験者、合格者数が含まれます。

■年代別出願者数

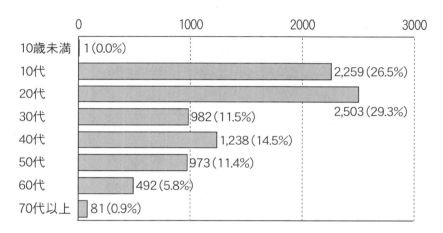

年代	出願者数
10歳未満	1（0.0%）
10代	2,259（26.5%）
20代	2,503（29.3%）
30代	982（11.5%）
40代	1,238（14.5%）
50代	973（11.4%）
60代	492（5.8%）
70代以上	81（0.9%）

■職業別出願者数

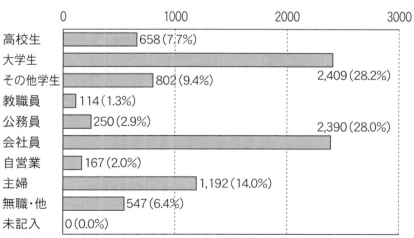

職業	出願者数
高校生	658（7.7%）
大学生	2,409（28.2%）
その他学生	802（9.4%）
教職員	114（1.3%）
公務員	250（2.9%）
会社員	2,390（28.0%）
自営業	167（2.0%）
主婦	1,192（14.0%）
無職・他	547（6.4%）
未記入	0（0.0%）

2017年秋季　第49回検定試験状況

●試験の配点と平均点・最高点

級	配点（100点満点中）			全国平均点			全国最高点		
	筆記	聞・書	合格点（以上）	筆記	聞・書	合計	筆記	聞・書	総合
1級	60	40	70	34	21	55	56	35	91
2級	60	40	70	31	22	53	56	38	94
準2級	60	40	70	35	24	59	60	40	100
3級	60	40	60	37	23	60	60	40	98
4級	60	40	60	41	29	70	60	40	100
5級	60	40	60	42	29	71	60	40	100

●出願者・受験者・合格者数など

	出願者数（人）	受験者数（人）	合格者数（人）	合格率	累計（1回〜49回）		
					出願者数	受験者数	合格者数
1級	83	71	14	19.7%	4,366	3,985	459
2級	511	452	104	23.0%	22,495	20,162	2,741
準2級	1,188	1,078	330	30.6%	53,478	48,379	15,598
3級	2,884	2,575	1,399	54.3%	97,595	87,126	45,651
4級	2,854	2,509	1,919	76.5%	115,615	102,863	74,781
5級	2,620	2,334	1,842	78.9%	103,764	92,486	74,171
合計	10,140	9,019	5,608	62.2%	398,256	355,873	213,487

※累計の各合計数には第18回〜第25回までの準1級出願者、受験者、合格者数が含まれます。

■年代別出願者数

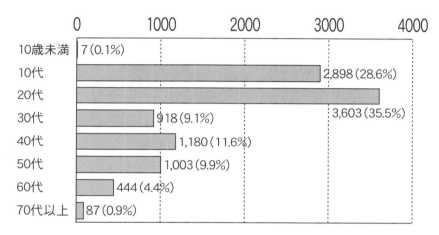

- 10歳未満 　7（0.1%）
- 10代 　2,898（28.6%）
- 20代 　3,603（35.5%）
- 30代 　918（9.1%）
- 40代 　1,180（11.6%）
- 50代 　1,003（9.9%）
- 60代 　444（4.4%）
- 70代以上 　87（0.9%）

■職業別出願者数

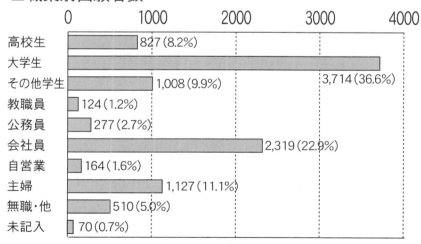

- 高校生 　827（8.2%）
- 大学生 　3,714（36.6%）
- その他学生 　1,008（9.9%）
- 教職員 　124（1.2%）
- 公務員 　277（2.7%）
- 会社員 　2,319（22.9%）
- 自営業 　164（1.6%）
- 主婦 　1,127（11.1%）
- 無職・他 　510（5.0%）
- 未記入 　70（0.7%）

春季第48回・秋季第49回 試験会場一覧

都道府県コード順

〈東日本〉

受験地	第48回会場	第49回会場
札　幌	かでる2・7	北海商科大学
盛　岡	いわて県民情報交流センター「アイーナ」	いわて県民情報交流センター「アイーナ」
仙　台	ショーケー本館ビル	ショーケー本館ビル
秋　田	秋田県社会福祉会館	秋田県JAビル
茨　城	筑波国際アカデミー	筑波国際アカデミー
宇都宮	国際TBC高等専修学校	国際TBC高等専修学校
群　馬		藤岡市総合学習センター
埼　玉	獨協大学	獨協大学
千　葉	千葉経済大学	敬愛大学
東京A	明治大学(中野キャンパス)	フォーラム8
東京B	東京学芸大学(小金井キャンパス)	東京学芸大学(小金井キャンパス)
神奈川	鶴見大学	神奈川大学(横浜キャンパス)
新　潟	新潟県立大学	新潟県立大学
富　山	富山県立伏木高等学校	富山県立伏木高等学校
石　川	金沢勤労者プラザ	石川四高記念文化交流館
長　野		長野朝鮮初中級学校
静　岡	静岡商工会議所	静岡労政会館
浜　松	浜松労政会館	浜松労政会館

春季第48回・秋季第49回 試験会場一覧

都道府県コード順

〈西日本〉

受験地	第48回会場	第49回会場
名古屋	同朋大学	IMYビル
四日市	四日市朝鮮初中級学校	四日市朝鮮初中級学校
京　都	京都女子大学	京都女子大学
大　阪	関西大学（千里山キャンパス）	関西大学（千里山キャンパス）
神　戸	神戸市外国語大学	神戸市外国語大学
鳥　取	鳥取市福祉文化会館	鳥取市福祉文化会館
岡　山		岡山朝鮮初中級学校
広　島	広島YMCA国際文化センター	広島YMCA国際文化センター
香　川	アイパル香川	アイパル香川
愛　媛	松山大学（樋又キャンパス）	松山大学（文京キャンパス）
福　岡	福岡商工会議所	九州産業大学
北九州	北九州市立八幡東生涯学習センター	北九州市立八幡東生涯学習センター
佐　賀	メートプラザ佐賀	アバンセ
熊　本	熊本市国際交流会館	熊本市国際交流会館
大　分	立命館アジア太平洋大学	立命館アジア太平洋大学
鹿児島	志學館大学	鹿児島県青少年会館
沖　縄	浦添市産業振興センター「結の街」	浦添市産業振興センター「結の街」

◆準会場での試験実施は、第48回36ヶ所、第49回41ヶ所となりました。
　皆様のご協力に感謝いたします。

1級2次試験会場一覧

都道府県コード順

※1級1次試験合格者対象

受験地	第48回会場	第49回会場
東　京	ハングル能力検定協会　事務所	ハングル能力検定協会　事務所
大　阪	大阪YMCA国際文化センター	大阪YMCA国際文化センター
福　岡		

●合格ラインと出題項目一覧について

◇合格ライン

	筆記		聞きとり		合格点
	配点	必須得点(以上)	配点	必須得点(以上)	100点満点中(以上)
5級	60		40		60
4級	60		40		60
3級	60	24	40	12	60
準2級	60	30	40	12	70
2級	60	30	40	16	70

	筆記・記述式		聞きとり・書きとり		
	配点	必須得点(以上)	配点	必須得点(以上)	
1級	60	30	40	16	70

◆解答は、5級から2級まではすべてマークシート方式です。
　1級は、マークシートと記述による解答方式です。

◆5、4級は合格点(60点)に達していても、聞きとり試験を受けないと不合格になります。

◇出題項目一覧

		初　　　級		中　　　級		上　　　級	
		5級	4級	3級	準2級	2級	1級
学習時間の目安		40時間	80	160	240〜300	—	—
発音と文字						*	*
正書法							
語彙							
	擬声擬態語			*	*		
	接辞、依存名詞						
	漢字						
文法項目と慣用表現							
連語							
四字熟語					*		
慣用句							
ことわざ							
縮約形など							
表現の意図							
テクストの理解と産出	内容理解						
	接続表現	*	*				
	指示詞	*	*				

※灰色部分が、各級の主な出題項目です。
　「＊」の部分は、個別の単語として取り扱われる場合があることを意味します。

◎ 資格取得のチャンスは1年間に2回! ◎
「ハングル」検定
◆南北いずれの正書法(綴り)も認めています◆

◎春季　6 月　第1日曜日　(1級は2次試験有り、東京・大阪にて実施)
◎秋季　11 月　第2日曜日　(1級は2次試験有り、東京・大阪・福岡にて実施)
　※2次試験日は1次試験日から3週間後の実施となります。

●**試験会場**　協会ホームページからお申し込み可能です。コンビニ決済に加え、クレジットカード決済もできるようになりました。

札幌・盛岡・仙台・秋田・水戸・宇都宮・群馬・埼玉・千葉・東京A・東京B・神奈川
新潟・富山・石川・長野・静岡・浜松・名古屋・四日市・京都・大阪・神戸・鳥取
岡山・広島・香川・愛媛・福岡・北九州・佐賀・熊本・大分・鹿児島・沖縄

●**準会場**
　◇学校、企業など、団体独自の施設内で試験を実施できます(延10名以上)。
　◇高等学校以下(小、中学校も含む)の学校等で、準会場を開設する場合、「準会場学生割引受験料」を適用します(10名から適用・30%割引)。
　　詳しくは「受験案内(願書付き)」、または協会ホームページをご覧ください。

●**願書入手**
　◇願書は全国主要書店にて無料で入手できます。
　◇協会ホームページからダウンロード可、又は「願書請求フォーム」からお申し込みください。

■**受験資格**
　国籍、年齢、学歴などの制限はありません。

■**試験級**
　1級・2級・準2級・3級・4級・5級(隣接級との併願可)

■**検定料**
　1級　10,000円　　2級　　6,800円　　準2級　5,800円
　3級　4,800円　　4級　　3,700円　　5級　　3,200円
　◇検定料のグループ割引有(延10名以上で10%割引)

ご存じですか?

ハングル能力検定協会公式ホームページにて「ハングル」学習に役立つコンテンツやONLINE SHOPを展開しています!
公式SNSアカウントでも学習情報を配信中!

詳細はこちら　　| ハングル検定 |　🔍 検索

協会発行書籍案内　협회 발간 서적 안내

「ハングル」検定公式テキスト
ペウギ　3級/4級/5級

ハン検公式テキスト。これで合格を
目指す！　暗記用赤シート付。
3級/2,500円（税別）
5級、4級/各2,200円（税別）
※A5版、音声ペン対応

新装版　合格トウミ
初級編/中級編/上級編

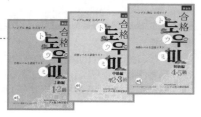

レベル別に出題語彙、慣用句、慣用表現
等をまとめた受験者必携の一冊。
暗記用赤シート付。
初級編/1,600円（税別）
中級編、上級編/2,200円（税別）
※A5版、音声ペン対応

中級以上の方のためのリスニングBOOK
読む・書く「ハン検」

長文をたくさん読んで「読む力」を鍛える！
1,800円（税別）
※A5版、音声ペン対応
別売CD/1,500円（税別）

「ハングル」検定　過去問題集

年度別に試験問題を収録した過去問題集。
学習に役立つワンポイントアドバイス付！
　1、2級/2,000円（税別）
準2、3級/1,800円（税別）
　4、5級/1,600円（税別）

協会書籍対応　音声ペン

対応書籍にタッチするだけでネイティブの発音が聞ける。
合格トウミ、読む書く「ハン検」、ペウギ各級に対応。
8,000円（税別）

好評発売中！ **2017年版**
ハン検 過去問題集（ＣＤ付）

◆2016年第46回、47回分の試験問題と正答を収録、学習に役立つワンポイント
　アドバイス付！

　　１級、２級‥‥‥‥‥‥‥‥‥‥‥‥‥‥‥‥‥‥各2,000円（税別）

　　準２級、３級‥‥‥‥‥‥‥‥‥‥‥‥‥‥‥‥各1,800円（税別）

　　４級、５級‥‥‥‥‥‥‥‥‥‥‥‥‥‥‥‥‥各1,600円（税別）

購入方法

①全国主要書店でお求めください。（すべての書店でお取り寄せできます）

②当協会へ在庫を確認し、下記いずれかの方法でお申し込みください。

【方法１：郵便振替】

振替用紙の通信欄に書籍名と冊数を記入し代金と送料をお支払いください。お
急ぎの方は振込受領書をコピーし、書籍名と冊数、送付先と氏名をメモ書きに
してFAXでお送りください。

　　　　　◆口座番号：00160－5－610883

　　　　　◆加入者名：ハングル能力検定協会

（送料1冊350円、2冊目から1冊増すごとに100円増、10冊以上は無料）

【方法２：代金引換え】

書籍代金（税込）以外に別途、送料と代引き手数料がかかります。詳しくは協会
へお問い合わせください。

③協会ホームページの「書籍販売」ページからインターネット注文ができます。
　（http://www.hangul.or.jp）

※音声ペンのみのご注文：送料500円/1本です。2本目以降は1本ごとに100円増となります。
　書籍と音声ペンを併せてご購入頂く場合：送料は書籍冊数×100円＋音声ペン送料500
　円です。ご不明点は協会までお電話ください。

※音声ペンは協会ホームページの「ONLINE SHOP」からも注文ができます。

2018年版「ハングル」能力検定試験

ハン検 過去問題集〈5級〉

2018年3月1日発行

編　　著	特定非営利活動法人 ハングル能力検定協会
発　　行	特定非営利活動法人 ハングル能力検定協会 〒136-0071 東京都江東区亀戸2-36-12 8Ｆ TEL 03-5858-9101　　FAX 03-5858-9103 http://www.hangul.or.jp
製　　作	現代綜合出版印刷株式会社

定価(本体1,600円＋税)
HANGUL NOURYOKU KENTEIKYOUKAI
ISBN 978-4-903096-90-2　C0087 ¥1600E
無断掲載、転載を禁じます。
<落丁・乱丁本はおとりかえします> Printed in Japan